ÉDITORIAL

MARS 2025

La prière fraternelle

C'est reparti pour le Carême ! La longue quarantaine annuelle au service de notre refondation spirituelle, jalonnée du triple engagement : jeûner, partager et prier. Si les deux premiers sont des actes plutôt individuels – le jeûne est une privation de ce que l'on aime, l'aumône un choix personnel de donner ce que l'on a – la prière, elle, nous pousse vers une dimension plus collective, plus communautaire. Certes, Jésus recommande de prier « dans le secret de sa chambre » (Mt 6, 6) mais, quelques versets plus loin, il enseigne aussi à ses disciples les mots du Notre Père : la prière par excellence, qui lie chacun à un même Père et conduit celui qui la prie à une fraternité universelle. Et si, en ce temps de Carême, nous faisions vraiment de la prière un engagement pour renforcer cette fraternité ? En priant ensemble ou les uns pour les autres, nous devenons artisans de cette unité indispensable à notre Église et à notre monde. Ainsi, petit à petit, la prière formera nos cœurs et nos intelligences pour garder vivantes notre foi mais aussi nos relations, nos amitiés et nos amours. ■

La prière nous pousse vers une dimension collective, communautaire.

CFRT/LE JOUR DU SEIGNEUR

L'aventure de la messe TV

Depuis 75 ans, *Le Jour du Seigneur* permet à chacun, où qu'il soit, de participer à la messe dominicale avec une paroisse et de partager avec tous la joie de croire.

Alors que la messe est au cœur de notre vie chrétienne, il est pour certains difficile de la suivre au sein de leur paroisse. Certaines personnes, notamment celles qui sont malades, isolées ou trop âgées, ne peuvent plus vivre ce temps de prière et de communion pourtant tellement essentiel. Pour elles et pour toutes celles qui sont en quête de sens, *Le Jour du Seigneur* apporte chaque dimanche un peu de lumière et d'espérance dans les foyers.

Nous proposons à tous des liturgies et des homélies belles, nourrissantes et variées dans des lieux parfois insolites, pour redécouvrir ensemble l'incroyable richesse de notre patrimoine religieux. En diffusant la messe à la télévision, *Le Jour du Seigneur* permet à chacun de s'unir dans la prière, et dans la communion de l'Église. *Le Jour du Seigneur* mène à bien sa mission grâce à des générations entières de bienfaiteurs, dont font partie les testateurs. Un testateur est une personne qui

choisit de léguer tout ou partie de ses biens au *Jour du Seigneur*, en faisant figurer notre fonds de dotation sur son testament. **Les legs et assurances vie représentent des ressources fondamentales pour continuer de diffuser l'Évangile à la télévision.** L'an passé, nous avons figuré sur les testaments de Michel, Nicolle, Janine, Claire, Laurence, Georgette, Geneviève, Gabrielle, Jacqueline, Marie-Thérèse, Yvonne, Simonne, Marguerite, Raymond, Thérèse, Madeleine, Fabien, Madeleine, Louise, Angèle, Josette, Jean, Marie, Mireille, Odile, Gilberte, Marie-Agnès, Claude, Denise, Madeleine Serre, Anne-Marie, Juliette, Hélène. Qu'ils en soient vivement remerciés. Nous avons une pensée pour toutes celles et tous ceux que Dieu a rappelés à lui.

Au Fonds de dotation du *Jour du Seigneur,* Visconsine Anglade accompagne toute personne qui envisage un projet de transmission en notre faveur.
N'hésitez pas à la solliciter par téléphone au 01 44 08 88 89,
par e-mail v.anglade@cfrt.tv ou par courrier à :
Fonds de dotation CFRT/Le Jour du Seigneur, 45 bis rue de la Glacière, 75013 Paris.

Annonce

Prier avec le Saint-Père

Intention universelle du mois de mars 2025

Prions pour que les familles
divisées puissent trouver dans le pardon
la guérison de leurs blessures,
en redécouvrant la richesse de l'autre,
même au cœur des différences.

Pour vous aider à prier :
www.prieraucoeurdumonde.net

SAINTS ET SAINTES DU MOIS DE MARS 2025

Xavier Lecœur, journaliste et historien

Chaque jour, l'Église fête plusieurs saints et bienheureux : ceux du calendrier romain, ceux des calendriers diocésains et ceux du calendrier des Églises orientales.
Tous les mois, Prions en Église *vous propose d'en découvrir quelques-uns.*

1er mars
St David de Ménevie
(VIe siècle)
Moine et évêque, saint patron du pays de Galles.

2 mars
Ste Angèle Guerrero González
(lire page 33)

3 mars
Ste Catherine Drexel
(1858-1955)
« Pour le Carême, faites un jeûne de pensées et de paroles peu charitables », recommandait cette religieuse et fondatrice américaine qui se dévoua pour les Noirs et les Amérindiens. Canonisée en 2000.

4 mars
Bse Louise-Élisabeth de Lamoignon
(1763-1825)
Il y a deux cents ans, jour pour jour, mourait à Vannes (56) la fondatrice de la congrégation des sœurs de la Charité de Saint-Louis, pour « l'éducation des petites filles pauvres et abandonnées ». Béatifiée en 2012.

5 mars
St Virgile
(VIe-VIIe siècles)
Moine de Lérins, puis évêque d'Arles, il conféra l'ordination épiscopale à saint Augustin de Cantorbéry, le grand évangélisateur de l'Angleterre.

6 mars
Ste Colette
(1381-1447)
Choquée par le laisser-aller de certains monastères de Clarisses, elle en réforma la règle et les ramena à la rigueur voulue par sainte Claire. Sainte patronne de Corbie (80).

7 mars
Ste María Antonia de Paz Figueroa
(1730-1799)
Cette religieuse et missionnaire

consacra sa vie à promouvoir les *Exercices spirituels* de saint Ignace. Canonisée en février 2024, elle est la première sainte d'Argentine.

8 mars
St Étienne d'Obazine
(1085-1159)
Fondateur et premier abbé du monastère cistercien d'Obazine (aujourd'hui Aubazine, 19).

9 mars
Ste Françoise Romaine
(1384-1440)
Noble romaine. Elle se dévoua pour les pauvres et fonda la communauté des Oblates de Marie qu'elle exhortait à « être toujours dans la paix, dans la paix suprême du Seigneur ».

10 mars
St Simplice
(Ve siècle)
Ce pape défendit l'autorité du Saint-Siège après la chute de l'Empire romain d'Occident. Il lutta contre la persistance, en Orient, de l'hérésie monophysite qui niait la nature humaine du Christ.

11 mars
St Sophrone
(560-639)
Patriarche de Jérusalem, il fut témoin de la prise de la ville par les troupes du calife Omar en 637. Il a laissé de nombreux textes liturgiques, théologiques et poétiques.

12 mars
St Pol de Léon
(VIe siècle)
L'un des sept saints fondateurs de la Bretagne. Ermite sur l'île de Batz, il évangélisa le Finistère.

13 mars
St Eldrade
(IXe siècle)
Après avoir employé toute la fortune de son père en bonnes œuvres, il entra à l'abbaye bénédictine de la Novalèse (Piémont), dont il devint par la suite l'abbé.

14 mars
Bx Jacques Cusmano
(1843-1888)
« Aimez Jésus, aimez Marie, et vous aurez trouvé le paradis sur terre », affirmait ce médecin et prêtre de Palerme (Sicile), qui se dévoua pour les malades sans ressources.

15 mars
St Longin
(Ier siècle)
Avec sa lance, ce centurion romain transperça le côté du Christ

crucifié. Selon la Tradition, il se serait ensuite converti et aurait évangélisé les populations de Cappadoce (Turquie actuelle).

16 mars
Bse Bénédicte
(vers 1214-1260)
Entrée chez les Clarisses, elle eut la lourde tâche, en 1253, de succéder à sainte Claire comme abbesse du couvent de Saint-Damien d'Assise.

17 mars
St Patrick
(390-461)
Gallois de naissance, il sema l'Évangile en Irlande, fondant églises et monastères, amenant les habitants à la foi chrétienne. Patron de l'Irlande.

18 mars
St Cyrille de Jérusalem
(vers 313-386)
« L'erreur a des formes multiples mais la vérité n'a qu'un seul visage », aimait à dire cet évêque de Jérusalem, dont l'épiscopat fut très agité. Docteur de l'Église.

19 mars
St Joseph
(Ier siècle)
« Homme juste » (Mt 1, 19), époux de la Vierge Marie, ce charpentier de Nazareth veilla sur Jésus comme un père et fut le gardien de la Sainte Famille.

20 mars
Bse Jeanne Véron
(1767-1794)
Sœur de la Charité guillotinée à Ernée (53) pendant la Terreur pour avoir caché des prêtres réfractaires.

21 mars
St Lupicin
(Ve siècle)
Devenu veuf, il rejoignit son frère saint Romain dans le Jura et prit la direction de l'abbaye de Lauconne, berceau de la ville qui porte aujourd'hui son nom.

22 mars
Bx Clément Auguste Graf von Galen
(1878-1946)
Évêque de Münster à partir de 1933, il dénonça avec constance les exactions du régime nazi, notamment en 1941, lors de trois sermons retentissants. Béatifié en 2005.

23 mars
St Turibe de Mogrovejo
(1538-1606)
Cet Espagnol, nommé archevêque de Lima, défendit

les droits des Indiens contre les excès des conquistadors. Patron du Pérou.

24 mars
St Oscar Romero
(1917-1980)
Le 24 mars 1980, Mgr Romero, archevêque de San Salvador et défenseur des pauvres, était assassiné alors qu'il célébrait la messe dans un hôpital.

25 mars
Annonciation

26 mars
St Ludger
(vers 743-809)
Chargé par Charlemagne d'aller christianiser la Frise et la Saxe, il fonda un monastère à Münster, dont il devint le premier évêque. Il était réputé pour sa grande charité.

27 mars
Bx Louis-Édouard Cestac
(1801-1868)
« Il faut attendre, attendre les moments de Dieu », répétait ce prêtre basque patient et créatif, fondateur des congrégations des Servantes de Marie et des Bernardines.

28 mars
St Gontran
(525-593)
Petit-fils de Clovis. Il fut l'un des rares de la cruelle famille royale mérovingienne à chercher à s'amender de ses crimes, en adoptant une conduite évangélique.

29 mars
Ste Gladys
(Ve siècle)
Épouse volage, cette Galloise se fit ermite après la mort de son mari et expia ses fautes dans la prière et la solitude.

30 mars
St Jean Climaque
(575-649)
« La prière ne s'apprend que dans la prière et elle a Dieu pour maître », soulignait ce moine ermite du mont Sinaï, auteur du traité de spiritualité *L'Échelle du Paradis.*

31 mars
Bse Nathalie Tulasiewicz
(1906-1945)
Pour avoir soutenu spirituellement des femmes polonaises réquisitionnées au titre du travail obligatoire, cette enseignante fut arrêtée, déportée et assassinée au camp de Ravensbrück.

Prions avec les textes de la messe

DU 1ER AU 31 MARS 2025

Partagez vos intentions de prière

....

....

....

....

....

....

....

....

....

Envoyez vos intentions de prière à :
Prions en Église, Intentions de prière, 18 rue Barbès, 92128 Montrouge Cedex.
Elles seront portées par les pèlerins qui partiront en Irlande, du 8 au 13 mai 2025.

SAMEDI 1ER MARS 2025

7E SEMAINE DU TEMPS ORDINAIRE COULEUR LITURGIQUE : VERT

Temps ordinaire, *suggestion d'oraisons et d'antiennes n° 31*
ou **bienheureuse Vierge Marie,** *voir p. 17*

1er

Antienne d'ouverture

Ne m'abandonne jamais, Seigneur, mon Dieu,
ne sois pas loin de moi. Viens vite à mon aide,
Seigneur, force de mon salut ! (cf. Ps 37, 22-23)

Prière

Dieu de puissance et de miséricorde, c'est ta grâce qui donne à tes fidèles de pouvoir dignement te servir ; nous t'en prions : accorde-nous de courir sans que rien nous arrête vers les biens que tu promets. Par Jésus… ***— Amen.***

Lecture

du livre de Ben Sira le Sage (17, 1-15)

« Dieu a fait les humains à son image »

Le Seigneur a créé l'homme en le tirant de la terre, et il l'a fait retourner à la terre. Il a donné aux humains des jours comptés, un temps déterminé, il a remis en leur pouvoir ce qui est sur la terre. Il les a revêtus d'une force pareille à la sienne, il les a faits à son image. Il a mis en tout vivant la crainte de l'être humain, pour que celui-ci commande en maître aux bêtes sauvages et aux oiseaux. Aux humains il a donné du jugement, une langue, des yeux, des oreilles, et un cœur pour réfléchir. Il les a remplis de savoir et

d'intelligence, il leur a fait connaître le bien et le mal. Il a posé son regard sur leur cœur, leur montrant la grandeur de ses œuvres ; il leur a donné de se glorifier à jamais de ses merveilles. Ils raconteront la grandeur de ses œuvres, ils célébreront le Nom très saint. Il leur a aussi accordé le savoir, il leur a donné en héritage la loi de vie ; afin qu'ils comprennent, dès maintenant, qu'ils sont mortels. Il a établi avec eux une Alliance éternelle, et il leur a fait connaître ses jugements. Leurs yeux ont vu la grandeur de sa gloire, leurs oreilles ont entendu la majesté de sa voix. Il leur a dit : « Gardez-vous de toute injustice », et à chacun il a donné des commandements au sujet du prochain. Leurs chemins sont toujours à découvert devant lui, ils n'échappent jamais à ses regards. – Parole du Seigneur.

Psaume 102 (103)

℟ ***L'amour du Seigneur, sur ceux qui le craignent, est de toujours à toujours.***

Comme la tendresse du père pour ses fils,
la tendresse du Seigneur pour qui le craint !
Il sait de quoi nous sommes pétris,
il se souvient que nous sommes poussière. ℟

L'homme ! ses jours sont comme l'herbe ;
comme la fleur des champs, il fleurit :
dès que souffle le vent, il n'est plus,
même la place où il était l'ignore. ℟

Mais l'amour du Seigneur,
sur ceux qui le craignent,
est de toujours à toujours,
et sa justice pour les enfants
de leurs enfants,
pour ceux qui gardent son alliance. ℟

Acclamation de l'Évangile

Alléluia. Alléluia. Tu es béni, Père, Seigneur du ciel et de la terre, tu as révélé aux tout-petits les mystères du Royaume ! ***Alléluia.***

Évangile de Jésus Christ

selon saint Marc (10, 13-16)

« Celui qui n'accueille pas le royaume de Dieu à la manière d'un enfant n'y entrera pas »

En ce temps-là, des gens présentaient à Jésus des enfants pour qu'il pose la main sur eux ; mais les disciples les écartèrent vivement. Voyant cela, Jésus se fâcha et leur dit : « Laissez les enfants venir à moi, ne les empêchez pas, car le royaume de Dieu est à ceux qui leur ressemblent. Amen, je vous le dis : celui qui n'accueille pas le royaume de Dieu à la manière d'un enfant n'y entrera pas. » Il les embrassait et les bénissait en leur imposant les mains.

Prière sur les offrandes

Seigneur, que ce sacrifice devienne pour toi une offrande pure, et pour nous, le don généreux et saint de ta miséricorde. Par le Christ, notre Seigneur. — ***Amen.***

Antienne de la communion

Tu m'apprends, Seigneur,
le chemin de la vie : devant ta face,
débordement de joie ! (Ps 15, 11)

OU

De même que le Père, qui est vivant,
m'a envoyé, et que moi je vis par
le Père, de même celui qui me mange,
lui aussi vivra par moi,
dit le Seigneur. (Jn 6, 57)

Prière après la communion

Nous t'en prions, Seigneur, augmente en nous la force de ton action, afin que, renouvelés par les sacrements du ciel, nous soyons préparés par ta grâce à recevoir les biens qu'ils promettent. Par le Christ, notre Seigneur. — ***Amen.***

INVITATION

J'essaie de poser le même regard que Jésus sur les enfants.
En quoi puis-je leur ressembler pour être citoyen du Royaume ?

COMMENTAIRE

Retrouver l'innocence

Marc 10, 13-16

Accueillir le Royaume avec l'innocence d'un enfant, c'est renouer avec cette capacité d'émerveillement souvent étouffée par le poids de nos habitudes. Cela exige de déposer nos armures d'adultes autosuffisants et de renoncer à notre tendance à ne nous référer qu'à nous-mêmes. En reconnaissant notre dépendance envers le Père, nous ouvrons notre vie à un avenir riche en promesses au-delà de nos attentes. ■

Jean-Paul Musangania, *prêtre assomptionniste*

Bienheureuse Vierge Marie

Couleur liturgique : blanc ou vert

Les samedis du temps ordinaire sans mémoire obligatoire, on peut faire mémoire de la Vierge Marie, selon une tradition qui honore la foi et l'espérance sans défaut de Marie le Samedi saint.

Antienne d'ouverture

Bienheureuse es-tu, Vierge Marie :
tu as porté le Créateur de l'univers,
tu as mis au monde celui qui t'a faite,
et tu demeures toujours vierge.

Prière

Dieu de miséricorde, viens au secours de notre faiblesse : puisque nous faisons mémoire de la sainte Mère de Dieu, fais que, soutenus par son intercession, nous soyons relevés de nos péchés. Par Jésus… ***— Amen.***

OU

Que vienne à notre aide, Seigneur, nous t'en prions, l'admirable intercession de la bienheureuse Marie toujours vierge ; qu'elle nous obtienne la joie de vivre dans la paix que tu nous donnes, délivrés de tout péril. Par Jésus… ***— Amen.***

Prière sur les offrandes

En rendant hommage à la Mère de ton Fils, Seigneur, nous te supplions : que le sacrifice offert en ce jour fasse de nous, par le don de ta grâce, une éternelle offrande à ta gloire. Par le Christ, notre Seigneur. ***— Amen.***

Préface de la Vierge Marie, p. 241.

Antienne de la communion

Le Puissant fit pour moi des
merveilles ; Saint est son nom. (Lc 1, 49)

Prière après la communion

Tu nous as fait participer à la rédemption éternelle, et nous te prions, Seigneur : alors que nous faisons mémoire de la Mère de ton Fils, comble-nous de la plénitude de ta grâce, et fais-nous éprouver toujours davantage les effets du salut. Par le Christ, notre Seigneur. ***— Amen.***

DIMANCHE 2 MARS 2025

8^{E} DIMANCHE DU TEMPS ORDINAIRE

ANNÉE C – COULEUR LITURGIQUE : VERT

© Delphine Renon

« L'homme bon tire le bien du trésor de son cœur qui est bon. » Luc 6, 45

Le Seigneur connaît les cœurs. Plaçons-nous en vérité devant lui. Il nous rappelle aujourd'hui qu'il est inutile de feindre la bonté : il faut la vivre. Inutile de juger les autres, faisons plutôt notre propre examen de conscience. Que cette eucharistie nous purifie de l'orgueil, qu'elle nourrisse notre charité nous donne de porter du fruit.

RITES INITIAUX

Chant d'entrée *(Suggestions p. 260)*
OU
Antienne d'ouverture
Le Seigneur s'est fait mon protecteur,
il m'a dégagé, mis au large, il m'a libéré, car il m'aime.
(cf. Ps 17, 19-20)

Suggestion de préparation pénitentielle *(ou p. 233)*

Frères et sœurs, il est bon de rendre grâce au Seigneur, car il purifie nos cœurs de tous péchés, il nous remet sur le juste chemin. Demandons-lui le pardon de nos péchés.

Seigneur Jésus, victorieux du péché, tu pardonnes nos faiblesses.
Prends pitié de nous.
— Prends pitié de nous.
Ô Christ, devenu frère de tous les hommes, tu es notre paix.
Prends pitié de nous.
— Prends pitié de nous.
Seigneur, nouvel arbre de vie, tu enracines nos vies en ton amour.
Prends pitié de nous.
— Prends pitié de nous.

Que Dieu tout-puissant nous fasse miséricorde ; qu'il nous pardonne nos péchés et nous conduise à la vie éternelle. ***— Amen.***

Gloire à Dieu (p. 235)

Prière

Nous t'en prions, Seigneur : accorde-nous de vivre dans un monde où les événements se déroulent selon ton dessein de paix, et où ton Église connaisse la joie de te servir dans la sérénité. Par Jésus… ***– Amen.***

LITURGIE DE LA PAROLE

Lecture du livre de Ben Sira le Sage (27, 4-7)

« Ne fais pas l'éloge de quelqu'un avant qu'il ait parlé »

Quand on secoue le tamis, il reste les déchets ; de même, les petits côtés d'un homme apparaissent dans ses propos. Le four éprouve les vases du potier ; on juge l'homme en le faisant parler. C'est le fruit qui manifeste la qualité de l'arbre ; ainsi la parole fait connaître les sentiments. Ne fais pas l'éloge de quelqu'un avant qu'il ait parlé, c'est alors qu'on pourra le juger.

– Parole du Seigneur.

Psaume 91 (92)

℟ *Il est bon, Seigneur, de te rendre grâce !*

T. : AELF; M. : G. Previdi; Éd. : ADF.

Qu'il est bon de rendre grâce au Seigneur,
de chanter pour ton nom, Dieu Très-Haut,
d'annoncer dès le matin ton amour,
ta fidélité, au long des nuits. ℟

Le juste grandira comme un palmier,
il poussera comme un cèdre du Liban ;
planté dans les parvis du Seigneur,
il grandira dans la maison de notre Dieu. ℟

Vieillissant, il fructifie encore,
il garde sa sève et sa verdeur
pour annoncer : « Le Seigneur est droit !
Pas de ruse en Dieu, mon rocher ! » ℟

Écoutez ce psaume sur www.prionseneglise.fr/messe-du-dimanche

Lecture de la première lettre de saint Paul apôtre aux Corinthiens (15, 54-58)

« Dieu nous donne la victoire par notre Seigneur Jésus Christ »

Frères, au dernier jour, quand cet être périssable aura revêtu ce qui est impérissable, quand cet être mortel aura revêtu l'immortalité, alors se réalisera la parole de l'Écriture : *La mort a été engloutie dans la victoire. Ô Mort, où est ta victoire ? Ô Mort, où est-il, ton aiguillon ?* L'aiguillon de la mort, c'est le péché ; ce qui donne force au péché, c'est la Loi. Rendons grâce à Dieu qui nous donne la victoire par notre Seigneur Jésus Christ.

Ainsi, mes frères bien-aimés, soyez fermes, soyez inébranlables, prenez une part toujours plus active à l'œuvre du Seigneur, car vous savez que, dans le Seigneur, la peine que vous vous donnez n'est pas perdue.

– Parole du Seigneur.

Acclamation de l'Évangile

Alléluia. Alléluia. Vous brillez comme des astres dans l'univers en tenant ferme la parole de vie. ***Alléluia.***

U22-80; T. et M. : M. Wackenheim; Bayard liturgie.

Évangile de Jésus Christ selon saint Luc (6, 39-45)

« Ce que dit la bouche, c'est ce qui déborde du cœur »

En ce temps-là, Jésus disait à ses disciples en parabole : « Un aveugle peut-il guider un autre aveugle ? Ne vont-ils pas tomber tous les deux dans un trou ? Le disciple n'est pas au-dessus du maître ; mais une fois bien formé, chacun sera comme son maître. Qu'as-tu à regarder la paille dans l'œil de ton frère, alors que la poutre qui est dans ton œil à toi, tu ne la remarques pas ? Comment peux-tu dire à ton frère : "Frère, laisse-moi enlever la paille qui est dans ton œil", alors que toi-même ne vois pas la poutre qui est dans le tien ? Hypocrite ! Enlève d'abord la poutre

de ton œil ; alors tu verras clair pour enlever la paille qui est dans l'œil de ton frère.
« Un bon arbre ne donne pas de fruit pourri ; jamais non plus un arbre qui pourrit ne donne de bon fruit. Chaque arbre, en effet, se reconnaît à son fruit : on ne cueille pas des figues sur des épines ; on ne vendange pas non plus du raisin sur des ronces. L'homme bon tire le bien du trésor de son cœur qui est bon ; et l'homme mauvais tire le mal de son cœur qui est mauvais : car ce que dit la bouche, c'est ce qui déborde du cœur. »

Homélie

Profession de foi *(p. 236)*

Suggestion de prière universelle

Le prêtre :

« Ce que dit la bouche, c'est ce qui déborde du cœur », dit Jésus. Et cela vaut pour notre prière. Qu'elle monte de nos cœurs pour toucher le cœur de Dieu notre Père.

℟ ***En ta bonté, Seigneur, écoute notre appel.***

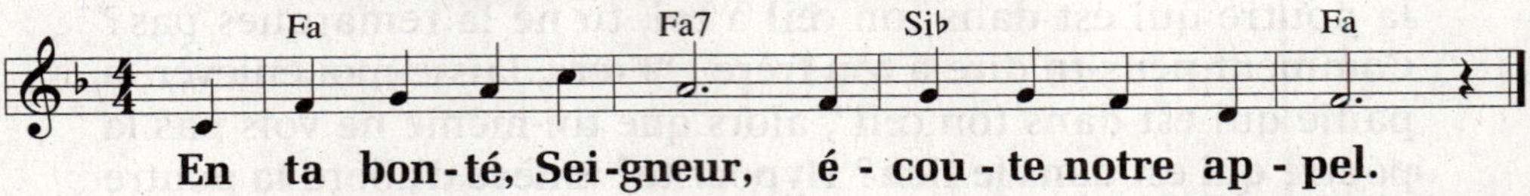

Y 33-3 SM ; T. et M. : M. Debaisieux.

Le diacre ou un lecteur :

La parole de l'Église est aujourd'hui scrutée par nos contemporains. Pour que les responsables de la communication proposent une parole juste et sincère, respectueuse et édifiante, prions ensemble. ℟

Des hommes et des femmes exercent la justice et défendent les droits de tous. Pour qu'ils soient attentifs au respect de tout être humain, spécialement des plus pauvres, prions ensemble. ℟

Des migrants et des pauvres sont souvent mal jugés et condamnés par la vindicte populaire. Pour que la fraternité triomphe de l'exclusion et vienne en aide à ceux qui se sentent rejetés, prions ensemble. ℟

Dans quelques jours commence le Carême, quarante jours pour préparer nos cœurs à la joie de Pâques. Pour que les chrétiens osent dire leur foi et se mettent au service de leurs frères, prions ensemble. ℟

(Ces intentions seront adaptées ou modifiées selon les circonstances. On peut aussi s'inspirer de l'intention universelle du Saint-Père, p. 6.)

Le prêtre :

Père très bon, ta justice et ton amour sont le trésor que tu partages aux hommes. Nous t'en supplions, daigne exaucer toutes nos prières. Par le Christ, notre Seigneur.

— Amen.

LITURGIE EUCHARISTIQUE

Prière sur les offrandes

Seigneur Dieu, ce qui est offert en l'honneur de ton nom, c'est toi qui le donnes, et tu reconnais dans ces offrandes notre attachement à ton service ; nous implorons ta bonté : que ta largesse, d'où vient notre mérite, contribue à notre récompense éternelle. Par le Christ, notre Seigneur. ***— Amen.***

Prière eucharistique *(Préface des dimanches, p. 239)*

Chant de communion *(Suggestions p. 260)*

OU

Antienne de la communion

Je chanterai le Seigneur
pour le bien qu'il m'a fait ;
je fêterai le nom du Seigneur,
le Très-Haut.
(cf. Ps 12, 6 ; 9a, 3)

OU

Je suis avec vous tous les jours,
jusqu'à la fin du monde, dit le Seigneur.
(Mt 28, 20)

Prière après la communion
Tu nous as rassasiés, Seigneur, par ce don qui nous sauve, et nous implorons ta miséricorde : par ce même sacrement qui nous fortifie en cette vie, rends-nous, dans ta bonté, participants de la vie éternelle. Par le Christ, notre Seigneur. — ***Amen.***

RITE DE CONCLUSION

Bénédiction

Envoi

COMMENTAIRE DU DIMANCHE

Jonathan Guilbault, directeur éditorial de *Prions en Église* Canada

L'écoute véritable

« On juge l'homme en le faisant parler. » « Ce que dit la bouche, c'est ce qui déborde du cœur. » À lire les textes liturgiques du jour, difficile de ne pas grimacer : les mises en garde contre les gens n'ayant pas encore pris la parole résonnent comme une sagesse dépassée à notre époque où, au contraire, les discours trompeurs surabondent. À tout prendre, on fait désormais plus confiance au silencieux qu'au beau parleur !

Ce qui révèle vraiment la valeur d'une personne, c'est la cohérence entre ses paroles et sa vie, entre ce qu'elle dit et ce qu'elle fait. Jésus a pu se distinguer par la force de son enseignement, mais en fin de compte, c'est le don de sa vie sur la Croix, puis sa résurrection, qui suscite notre foi.

Cependant, les textes du jour ne sont pas moins pertinents pour autant. Ils nous invitent à écouter vraiment, à prêter attention aux mots, les nôtres comme ceux des autres. Combien de fois filtrons-nous ce qu'une personne nous dit, sans entendre son appel discret à l'aide ? Et nous-mêmes, prenons-nous le temps d'écouter ce que nous disons ? Si nous le faisions, nous prendrions conscience que nos paroles révèlent beaucoup de nos inquiétudes, de ce qui fait obstacle à la paix que Dieu souhaite nous offrir.

Ai-je déjà senti que Dieu m'interpellait à travers les paroles d'un proche ?

M'arrive-t-il d'être surpris par les paroles qui sortent de ma bouche ? ■

Prions en Église Junior

LIRE L'ÉVANGILE AVEC LES ENFANTS

CE QUE JE DÉCOUVRE

L'Évangile nous demande de nous laisser guider par le Christ, pour être comme lui. La tentation est souvent grande d'être impressionnés par les autres ou de les juger. **Jésus nous invite aussi à regarder nos propres défauts.** Pour bien voir, il faut d'abord retirer la « poutre » qui est dans notre œil et qui nous empêche de voir. **C'est même une condition pour être de bons disciples et pouvoir guider nos frères !**

CE QUE JE VIS

Acceptes-tu facilement de te laisser guider par quelqu'un ?
Aimes-tu aider les autres et leur donner des conseils ?
Dans ta prière, demande à Dieu de t'ouvrir les yeux pour découvrir toutes les merveilles qu'il fait, dans ta vie et dans le monde.

Texte : Benoît Gschwind. Illustrations : Marcelino Truong

MÉDITATION BIBLIQUE

8E DIMANCHE DU TEMPS ORDINAIRE

Évangile selon saint Luc 6, 39-45

L'art du tamis

L'évangile de ce dimanche nous invite à méditer sur la teneur de nos propos. Ce que nous disons ou ce que les autres disent est offert à notre discernement. Une pratique incontournable dans un contexte où des « aveugles » cherchent à s'ériger en maîtres.

Le temps de la préparation

« Mets une garde à mes lèvres, Seigneur, veille au seuil de ma bouche. » (Ps 140, 3)

Le temps de l'observation

La parabole qui ouvre l'évangile met en garde les disciples contre les faux maîtres. Car il ne s'agit pas d'être naïf et d'accorder sa confiance sans discernement. Pas plus qu'il ne s'agit pour ces mêmes disciples de s'ériger en maîtres en intervenant dans la vie d'autrui, sans avoir travaillé sur eux-mêmes et pris acte de leur propre aveuglement. Ce qu'est censée donner la formation d'un bon maître qui apprend à écouter le « seul Maître » (Mt 23, 8) et à faire le lien entre son enseignement et la vie concrète. C'est dans ce contexte que Jésus fait entendre ses considérations sur le •••

... « dire » de chacun, invitant par là même à un discernement, à ce tri qu'exprime si bellement l'image du tamis (Si 27, 4). Un cœur bon produit un bon fruit : c'est-à-dire des paroles qui transmettent la vie, à l'opposé des paroles qui « blessent » ou qui cherchent à séduire en s'alignant sur ce que l'auditeur désire entendre. Sachant qu'ici-bas, les paroles humaines sont toujours plus ou moins un mélange de bon grain et d'ivraie.

Le temps de la méditation

Trésor du cœur bon, mal du cœur mauvais : Jésus nous incite finalement à travailler sur notre cœur, afin d'être en mesure de dire une parole juste. Soit nous nous laissons submerger par nos émotions et nos passions (amertumes, colères, rancœurs, tristesses...), lesquelles brouillent notre perception du réel ; soit nous les offrons à l'action guérissante de l'Esprit dans la prière et la méditation de la Parole. Toutes choses qui contribuent à purifier notre cœur et à faire émerger l'image du Dieu bon, présente en nous. Ce Dieu lucide qui ne nous identifie pas pour autant à nos actes et porte sur nous un regard d'espérance. La bonté, notons-le, ne consistant pas à appeler « bien ce qui est mal et mal ce qui est bien » (Is 5, 20), sous prétexte de « charité » chrétienne. De quoi invoquer l'Esprit de discernement et de force pour qu'il nous aide à devenir les « portiers » de notre cœur et les « bergers de nos pensées » (Évagre le Pontique) !

Le temps de la prière

« Que ma prière devant toi s'élève comme un encens. » (Ps 140, 2) ■

Emmanuelle Billoteau, ermite

LA SAINTE DU MOIS

2 MARS : SAINTE ANGÈLE GUERRERO GONZÁLEZ (1846-1932)

Mère des pauvres

Avec ceux qui aspirent à se mettre à son service, Dieu pratique parfois ce que l'on peut appeler « la stratégie des portes fermées » : leurs premiers souhaits n'étant pas exaucés, ils sont contraints d'envisager une voie à laquelle ils n'avaient pas songé au départ et qui, en se concrétisant, se révèle être le chemin que le Seigneur voulait les voir emprunter. L'Espagnole Angèle (Ángela) Guerrero González en fit l'expérience durant sa jeunesse. Issue d'une famille pauvre et pieuse de Séville, elle dut travailler dès l'âge de 12 ans afin d'aider ses parents. Dans le même temps grandissait en elle le désir ardent de devenir religieuse. Mais des ennuis de santé soudains •••

••• l'empêchèrent de trouver sa place dans une congrégation existante : Angèle ne put rester ni chez les Carmélites, ni chez les Filles de la Charité de Séville. À la suite de ces deux échecs douloureux, une nouvelle idée lui vint : fonder elle-même un institut mêlant vie contemplative et aide aux nécessiteux. Cette idée, soutenue par son directeur spirituel le bienheureux José Torres Padilla, prit forme en 1875 avec la fondation des Sœurs de la Compagnie de la Croix. Leur devise : « Se faire pauvre avec le pauvre pour l'amener au Christ. » L'année suivante, une épidémie de variole toucha la population sévillane. Le dévouement de Mère Angèle et de ses religieuses à l'égard des malades força l'admiration générale. Dès lors, la jeune congrégation connut une forte croissance et de nombreuses maisons s'ouvrirent en Andalousie et en Estrémadure. Angèle de la Croix (son nom de religion) était louée comme la « Mère des pauvres », mais refusait tous les honneurs qu'on voulait lui décerner. « L'humilité est le chemin qui mène à Dieu », répétait celle qui se dévoua sans bruit pour les plus démunis pendant plus d'un demi-siècle ! Rappelée à Dieu en 1932, Angèle Guerrero González a été canonisée en 2003 à Séville. ■

Xavier Lecœur, journaliste et historien

UNE SAINTE POUR AUJOURD'HUI

Sainte Angèle de la Croix insistait beaucoup sur l'importance de la charité, « cœur du christianisme », et de la prière, « nourriture de l'âme ».
Ces deux dimensions essentielles de toute vie de foi se doivent d'être cultivées, particulièrement durant le Carême qui vient.

LUNDI 3 MARS 2025

8E SEMAINE DU TEMPS ORDINAIRE COULEUR LITURGIQUE : VERT

Temps ordinaire, *suggestion d'oraisons et d'antiennes nº 32*

2-8

Antienne d'ouverture

Que ma prière parvienne jusqu'à toi ;
ouvre ton oreille à ma plainte, Seigneur.
(cf. Ps 87, 3)

Prière

Dieu de puissance et de miséricorde, éloigne de nous, dans ta bonté, tout ce qui nous arrête, afin que sans aucune entrave, ni d'esprit ni de corps, nous accomplissions d'un cœur libre ce qui vient de toi. Par Jésus… ***— Amen.***

Lecture

du livre de Ben Sira le Sage (17, 24-29)

« Reviens vers le Très-Haut et détourne-toi de l'injustice »

À ceux qui se repentent, Dieu ouvre le chemin du retour ; il réconforte ceux qui manquent de persévérance. Convertis-toi au Seigneur, et renonce à tes péchés ; mets-toi devant lui pour prier, et diminue tes occasions de chute. Reviens vers le Très-Haut et détourne-toi de l'injustice ; les actions abominables, déteste-les. Qui pourra célébrer le Très-Haut dans le séjour des morts, remplacer les vivants qui lui rendent gloire ? La louange est enlevée au mort* puisqu'il n'est plus ; c'est le

vivant, le bien-portant, qui célébrera le Seigneur. Qu'elle est grande, la miséricorde du Seigneur, qu'il est grand, son pardon pour ceux qui se convertissent à lui !
– Parole du Seigneur.

Psaume 31 (32)

℟ ***Que le Seigneur soit votre joie ! Exultez, hommes justes !***

Heureux l'homme dont la faute est enlevée,
et le péché remis !
Heureux l'homme dont le Seigneur
ne retient pas l'offense,
dont l'esprit est sans fraude ! ℟

Je t'ai fait connaître ma faute,
je n'ai pas caché mes torts.
J'ai dit : « Je rendrai grâce au Seigneur
en confessant mes péchés. » ℟

Et toi, tu as enlevé
l'offense de ma faute.
Ainsi chacun des tiens te priera
aux heures décisives ;
même les eaux qui débordent
ne peuvent l'atteindre. ℟

Tu es un refuge pour moi,
mon abri dans la détresse ;
de chants de délivrance,
tu m'as entouré. ℟

Acclamation de l'Évangile

Alléluia. Alléluia. Jésus Christ s'est fait pauvre, lui qui était riche, pour que vous deveniez riches par sa pauvreté. ***Alléluia.***

Évangile de Jésus Christ

selon saint Marc (10, 17-27)

« Va, vends ce que tu as. Puis viens, suis-moi »

En ce temps-là, Jésus se mettait en route quand un homme accourut et, tombant à ses genoux, lui demanda : « Bon Maître, que dois-je faire pour avoir la vie éternelle en héritage ? » Jésus lui dit : « Pourquoi dire que je suis bon ? Personne n'est bon, sinon Dieu seul. Tu connais les commandements : ***Ne commets pas de meurtre, ne commets pas d'adultère, ne commets pas de vol, ne porte pas de faux témoignage, ne fais de tort à personne, honore ton père et ta mère.*** **» L'homme répondit : « Maître, tout cela, je l'ai observé depuis ma jeunesse. » Jésus posa son regard sur lui, et il l'aima. Il lui dit : « Une seule chose te manque : va, vends ce que tu as et donne-le aux pauvres ; alors tu auras un trésor au ciel. Puis viens, suis-moi. » Mais lui, à ces mots, devint sombre et s'en alla tout triste, car il avait de grands biens. Alors Jésus regarda autour de lui et dit à ses disciples : « Comme il sera difficile à ceux qui possèdent des richesses d'entrer dans le royaume de Dieu ! » Les disciples étaient stupéfaits de ces paroles. Jésus reprenant la parole leur dit : « Mes enfants, comme il est difficile d'entrer dans le royaume de Dieu ! Il est plus facile à un chameau de passer par le trou d'une aiguille qu'à un riche d'entrer dans le royaume de Dieu. » De plus**

en plus déconcertés, les disciples se demandaient entre eux : « Mais alors, qui peut être sauvé ? » Jésus les regarde et dit : « Pour les hommes, c'est impossible, mais pas pour Dieu ; car tout est possible à Dieu. »

Prière sur les offrandes

Sur les offrandes que nous présentons pour le sacrifice, nous t'en prions, Seigneur, jette un regard favorable, afin que, par la ferveur de notre amour, nous obtenions ce que nous célébrons dans le mystère de la passion de ton Fils. Lui qui… ***— Amen.***

Antienne de la communion

Le Seigneur est mon berger :
je ne manque de rien. Sur des prés
d'herbe fraîche, il me fait reposer.
Il me mène vers les eaux tranquilles
et me fait revivre. (Ps 22, 1-2)
OU Les disciples reconnurent
le Seigneur Jésus à la fraction
du pain, alléluia. (cf. Lc 24, 35)

Prière après la communion

Fortifiés par le don très saint que tu nous fais, Seigneur, nous te rendons grâce et nous implorons ta bonté : que, par le don de ton Esprit, ceux qui ont reçu la force d'en haut aient la grâce de persévérer dans la droiture. Par le Christ, notre Seigneur. ***— Amen.***

INVITATION

Je pourrais préparer un peu plus de crêpes ce soir pour les partager demain au bureau, à la maison de retraite que je connais, dans la rue…

COMMENTAIRE

Le fil à la patte Marc 10, 17-27

Un homme habité par le désir de la vie éternelle, fidèle à la Loi, se prosterne aux pieds de Jésus. Le Rabbi pose son regard sur lui et éprouve de l'amour pour ce juste désireux de faire un pas de plus sur son chemin de foi. Et pourtant, la belle rencontre se voile de tristesse : la richesse retient ce croyant dans ses filets, l'empêchant d'avancer. Une invitation pressante à nous délester de ce qui entrave notre marche. ■

Sœur Bénédicte de la Croix, *cistercienne*

✻ CLÉ DE LECTURE

« Mort » Ben Sira 17, 28 *(p. 35)*

Comme souvent le psalmiste (Ps 6, 4 : 88, 12..), le sage considère la mort comme un lieu sans joie où l'on erre séparé des hommes et de Dieu. Jésus, à sa façon, renverra les sadducéens à cette même croyance : « Il n'est pas le Dieu des morts, mais des vivants » (Mt 22, 32). Il n'est pas question ici de mettre en cause la foi pharisienne en la résurrection, mais de déplacer fermement le regard sur ce qui nous est donné à vivre. Pourquoi spéculer sur « une après-mort » dont nous ne savons rien, sinon qu'elle est entièrement remise entre les mains de Dieu ? Alors que l'urgence est de vivre ici et maintenant l'invitation au Royaume, d'entrer dans la louange et d'ouvrir nos vies aux autres. Que notre vie soit longue ou brève, dépêchons-nous d'aimer ! ■

Roselyne Dupont-Roc, *bibliste*

MARDI 4 MARS 2025

8ᴱ SEMAINE DU TEMPS ORDINAIRE COULEUR LITURGIQUE : VERT

Temps ordinaire, *suggestion d'oraisons et d'antiennes n° 33*
ou **saint Casimir**

Antienne d'ouverture

Mes pensées, dit le Seigneur, sont des pensées de paix et non de malheur. Vous m'invoquerez, je vous écouterai, et de partout je ramènerai vos captifs. (Jr 29, 11.12.14)

Prière

Seigneur notre Dieu, nous t'en prions : accorde-nous la joie de t'appartenir sans réserve, car c'est un bonheur durable et profond de servir constamment le créateur de tout bien. Par Jésus… ***— Amen.***

Lecture

du livre de Ben Sira le Sage (35, 1-15)

« C'est offrir un sacrifice de paix que s'attacher aux commandements »

C'est présenter de multiples offrandes que d'observer la Loi ; c'est offrir un sacrifice de paix que s'attacher aux commandements. C'est apporter une offrande de fleur de farine que se montrer reconnaissant ; c'est présenter un sacrifice de louange que faire l'aumône. On obtient la bienveillance du Seigneur en se détournant du mal ; on offre un sacrifice d'expiation en se détournant de l'injustice. Ne te présente pas devant le Seigneur les mains vides. Accomplis tout cela car tel est

son commandement. L'offrande de l'homme juste est comme la graisse des sacrifices sur l'autel, son agréable odeur s'élève devant le Très-Haut. Le sacrifice de l'homme juste est agréé par Dieu qui en gardera mémoire. Rends gloire au Seigneur sans être regardant : ne retranche rien des prémices de ta récolte. Chaque fois que tu fais un don, montre un visage joyeux ; consacre de bon cœur à Dieu le dixième de ce que tu gagnes. Donne au Très-Haut selon ce qu'il te donne, et, sans être regardant, selon tes ressources. Car le Seigneur est celui qui paye de retour ; il te rendra sept fois plus que tu n'as donné. N'essaye pas de l'influencer par des présents, il ne les acceptera pas ; ne mets pas ta confiance dans un sacrifice injuste. Car le Seigneur est un juge qui se montre impartial envers les personnes.

– Parole du Seigneur.

Psaume 49 (50)

℟ ***À celui qui veille sur sa conduite, je ferai voir le salut de Dieu.***

Dieu convoque les hauteurs des cieux
et la terre au jugement de son peuple :
« Assemblez devant moi mes fidèles,
eux qui scellent d'un sacrifice mon alliance. »
Et les cieux proclament sa justice :
oui, le juge, c'est Dieu ! ℟

« Écoute, mon peuple, je parle ;
Israël, je te prends à témoin.
Moi, Dieu, je suis ton Dieu !
Je ne t'accuse pas pour tes sacrifices ;
tes holocaustes sont toujours
devant moi. ℟

« Offre à Dieu le sacrifice d'action de grâce,
accomplis tes vœux envers le Très-Haut.
Qui offre le sacrifice d'action de grâce,
celui-là me rend gloire :
sur le chemin qu'il aura pris,
je lui ferai voir le salut de Dieu. » ℟

Acclamation de l'Évangile

Alléluia. Alléluia. Tu es béni, Père, Seigneur du ciel et de la terre, tu as révélé aux tout-petits les mystères du Royaume ! ***Alléluia.***

Évangile de Jésus Christ

selon saint Marc (10, 28-31)

« Vous recevrez, en ce temps déjà, le centuple, avec des persécutions, et, dans le monde à venir, la vie éternelle »

En ce temps-là, Pierre se mit à dire à Jésus : « Voici que nous avons tout quitté pour te suivre. » Jésus déclara : « Amen, je vous le dis : nul n'aura quitté, à cause de moi et de l'Évangile, une maison, des frères, des sœurs, une mère, un père, des enfants ou une terre sans qu'il reçoive, en ce temps déjà, le centuple : maisons, frères, sœurs, mères, enfants et terres, avec des persécutions, et, dans le monde à venir, la vie éternelle. Beaucoup de premiers seront derniers, et les derniers seront les premiers. »

Prière sur les offrandes

Nous t'en prions, Seigneur, Dieu de majesté : regarde les présents que nous t'offrons, et permets qu'ils nous obtiennent la grâce de te servir et de parvenir ainsi à l'éternité bienheureuse. Par le Christ, notre Seigneur. ***— Amen.***

Antienne de la communion

Pour moi, il est bon de m'attacher à Dieu, de mettre mon espoir dans le Seigneur, mon Dieu. (cf. Ps 72, 28)

OU

Amen, je vous le dis : tout ce que vous demandez dans la prière, croyez que vous l'avez obtenu, et cela vous sera accordé, dit le Seigneur. (Mc 11, 23-24)

Prière après la communion

Seigneur, nous avons reçu les dons que tu nous as faits dans ce sacrement, et nous te supplions humblement : ton Fils nous a demandé de les célébrer en mémoire de lui, qu'ils augmentent en nous la charité. Par le Christ, notre Seigneur. ***— Amen.***

INVITATION

En cette veille de Carême, je peux faire la liste des personnes que je porterai dans ma prière jusqu'à Pâques.

COMMENTAIRE

Place à l'inattendu

Marc 10, 28-31

Le détachement exigé par leur Maître rend ses disciples disponibles à de nouvelles relations, des changements de situations inattendus, des expériences qu'ils étaient incapables d'imaginer. Cette vie surabondante promise par le Seigneur, si elle débouche sur la vie éternelle, est en butte ici-bas aux jalousies et aux persécutions. Mettre nos pas dans les pas de Jésus c'est accepter « l'intranquillité ». ■

Sœur Bénédicte de la Croix, *cistercienne*

MERCREDI 5 MARS 2025

MERCREDI DES CENDRES

ANNÉE C - COULEUR LITURGIQUE : VIOLET

« Prie ton Père qui est présent dans le secret. » Matthieu 6, 6

Attention : départ. Sans faire du Carême une compétition, l'Écriture souligne la nécessité de la conversion et la perfection de la charité. Très concrètement, la parole de Dieu énonce comment nous préparer à Pâques. Sincérité, réconciliation, fraternité, par l'aumône, la prière, le jeûne. Chaque jour, donnons-nous les moyens de grandir en sainteté.

RITES INITIAUX

Chant d'entrée *(Suggestions p. 260)*
ou
Antienne d'ouverture
Seigneur, tu as pitié de tous les hommes, et tu n'as de répulsion envers aucune de tes œuvres ; tu fermes les yeux sur leurs péchés : pour qu'ils se convertissent, et tu leur pardonnes, car tu es le Seigneur notre Dieu. (cf. Sg 11, 23.24.26)
À la messe où l'on impose les cendres, on omet la préparation pénitentielle.

Prière
Accorde-nous, Seigneur, de savoir commencer saintement par le jeûne l'entraînement au combat spirituel : que nos privations nous rendent plus forts pour lutter contre l'esprit du mal. Par Jésus… ***— Amen.***

LITURGIE DE LA PAROLE

Lecture du livre du prophète Joël (2, 12-18)

« Déchirez vos cœurs et non pas vos vêtements »

Maintenant – oracle du Seigneur – revenez à moi de tout votre cœur, dans le jeûne, les larmes et le deuil ! Déchirez vos cœurs et non pas vos vêtements, et revenez au Seigneur votre Dieu, car il est tendre et miséricordieux, lent à la colère et plein d'amour, renonçant

au châtiment. Qui sait ? Il pourrait revenir, il pourrait renoncer au châtiment, et laisser derrière lui sa bénédiction : alors, vous pourrez présenter offrandes et libations au Seigneur votre Dieu. Sonnez du cor dans Sion : prescrivez un jeûne sacré, annoncez une fête solennelle, réunissez le peuple, tenez une assemblée sainte, rassemblez les anciens, réunissez petits enfants et nourrissons ! Que le jeune époux sorte de sa maison, que la jeune mariée quitte sa chambre ! Entre le portail et l'autel, les prêtres, serviteurs du Seigneur, iront pleurer et diront : « Pitié, Seigneur, pour ton peuple, n'expose pas ceux qui t'appartiennent à l'insulte et aux moqueries des païens ! Faudra-t-il qu'on dise : "Où donc est leur Dieu ?" » Et le Seigneur s'est ému en faveur de son pays, il a eu pitié de son peuple. – Parole du Seigneur.

Psaume 50 (51)

℟ ***Pitié, Seigneur, car nous avons péché !***

T. : AELF ; M. : M. Wackenheim ; Éd. : ADF.

Écoutez ce psaume sur
www.prionseneglise.fr/
messe-du-dimanche

Pitié pour moi, mon Dieu, dans ton amour,
selon ta grande miséricorde, efface mon péché.
Lave-moi tout entier de ma faute,
purifie-moi de mon offense. ℟

Oui, je connais mon péché,
ma faute est toujours devant moi.
Contre toi, et toi seul, j'ai péché,
ce qui est mal à tes yeux, je l'ai fait. ℟

Crée en moi un cœur pur, ô mon Dieu,
renouvelle et raffermis au fond de moi mon esprit.
Ne me chasse pas loin de ta face,
ne me reprends pas ton esprit saint. ℟

Rends-moi la joie d'être sauvé ;
que l'esprit généreux me soutienne.
Seigneur, ouvre mes lèvres,
et ma bouche annoncera ta louange. ℟

Lecture de la deuxième lettre de saint Paul apôtre aux Corinthiens (5, 20 – 6, 2)

« Laissez-vous réconcilier avec Dieu. Voici maintenant le moment favorable »

Frères, nous sommes les ambassadeurs du Christ, et par nous c'est Dieu lui-même qui lance un appel : nous le demandons au nom du Christ, laissez-vous réconcilier avec Dieu. Celui qui n'a pas connu le péché, Dieu l'a pour nous identifié au péché, afin qu'en lui nous devenions justes de la justice même de Dieu. En tant que coopérateurs de Dieu, nous vous exhortons encore à ne pas laisser sans effet la grâce reçue de lui. Car il dit dans l'Écriture : *Au moment favorable je t'ai exaucé, au jour du salut je t'ai secouru*. Le voici maintenant le moment favorable, le voici maintenant le jour du salut.

– Parole du Seigneur.

Acclamation de l'Évangile

Ta Parole, Seigneur, est vérité, et ta loi, délivrance. Aujourd'hui, ne fermez pas votre cœur, mais écoutez la voix du Seigneur. ***Ta Parole, Seigneur, est vérité, et ta loi, délivrance.***

T. : AELF ; M. : P. Robert

Évangile de Jésus Christ selon saint Matthieu (6, 1-6.16-18)

« Ton Père qui voit dans le secret te le rendra »

En ce temps-là, Jésus disait à ses disciples : « Ce que vous faites pour devenir des justes, évitez de l'accomplir devant les hommes pour vous faire remarquer. Sinon, il n'y a pas de récompense pour vous auprès de votre Père qui est aux cieux.

« Ainsi, quand tu fais l'aumône, ne fais pas sonner la trompette devant toi, comme les hypocrites qui se donnent en spectacle dans les synagogues et dans les rues, pour obtenir la gloire qui vient des hommes. Amen, je vous le déclare : ceux-là ont reçu leur récompense. Mais toi, quand tu fais l'aumône, que ta main gauche

ignore ce que fait ta main droite, afin que ton aumône reste dans le secret ; ton Père qui voit dans le secret te le rendra.
« Et quand vous priez, ne soyez pas comme les hypocrites : ils aiment à se tenir debout dans les synagogues et aux carrefours pour bien se montrer aux hommes quand ils prient. Amen, je vous le déclare : ceux-là ont reçu leur récompense. Mais toi, quand tu pries, retire-toi dans ta pièce la plus retirée, ferme la porte, et prie ton Père qui est présent dans le secret ; ton Père qui voit dans le secret te le rendra.
« Et quand vous jeûnez, ne prenez pas un air abattu, comme les hypocrites : ils prennent une mine défaite pour bien montrer aux hommes qu'ils jeûnent. Amen, je vous le déclare : ceux-là ont reçu leur récompense. Mais toi, quand tu jeûnes, parfume-toi la tête et lave-toi le visage ; ainsi, ton jeûne ne sera pas connu des hommes, mais seulement de ton Père qui est présent au plus secret ; ton Père qui voit au plus secret te le rendra. »

Homélie

Imposition des cendres

Après l'homélie, le prêtre, debout et les mains jointes, dit :

Frères et sœurs bien-aimés, supplions humblement Dieu notre Père de bénir, par l'abondance de sa grâce, les cendres dont nos fronts vont être marqués en signe de pénitence.

Après un bref temps de prière en silence, il poursuit, les mains étendues :
Seigneur Dieu, toi qui te laisses fléchir par ceux qui s'humilient et apaiser par ceux qui réparent leurs torts, prête une oreille bienveillante à nos prières ; en ta tendresse, répands sur tes serviteurs qui vont recevoir les cendres la grâce de ta bénédiction ✠ : par leur fidélité à l'observance de ce temps de Carême, qu'ils parviennent avec un esprit purifié à la célébration du mystère pascal de ton Fils. Lui qui… ***— Amen.***
OU
Seigneur Dieu, toi qui ne veux pas la mort des pécheurs mais leur conversion, exauce avec bonté notre prière, dans ta tendresse, bénis ✠ les cendres dont nous serons marqués en reconnaissant que nous sommes poussière et cendre et devons retourner en poussière. En nous appliquant à observer le Carême, puissions-nous obtenir le pardon de nos péchés et vivre de la vie nouvelle à l'image de ton Fils ressuscité. Lui qui… ***— Amen.***

Le prêtre dépose de la cendre sur le front ou la tête des fidèles, en disant à chacun :
Convertissez-vous et croyez à l'Évangile. (Mc 1, 15)
OU
Souviens-toi que tu es poussière,
et que tu retourneras en poussière. (cf. Gn 3, 19)
Pendant ce temps, on peut chanter le psaume 50 avec le refrain :
« Pitié, Seigneur, car nous avons péché ! » (p. 46), ou tout autre chant qui convienne.

LITURGIE EUCHARISTIQUE

Prière sur les offrandes

En t'offrant solennellement ce sacrifice au début du Carême, nous te supplions, Seigneur : fais que, par des actes de pénitence et de charité, nous évitions tout plaisir mauvais, et que, purifiés de nos péchés, nous méritions de célébrer avec ferveur la passion de ton Fils. Lui qui… ***— Amen.***

Prière eucharistique

(3ᵉ ou 4ᵉ préface du Carême, p. 240)

Chant de communion (Suggestions p. 260)

OU

Antienne de la communion

Qui murmure la loi du Seigneur jour et nuit
donne du fruit en son temps. (cf. Ps 1, 2-3)

Prière après la communion

Puisse le sacrement que nous avons reçu, Seigneur, nous procurer ton secours, afin que notre jeûne te soit agréable et contribue à notre guérison. Par le Christ, notre Seigneur. ***— Amen.***

Prière sur le peuple

Le prêtre peut dire la prière suivante :

Dans ta bonté, Dieu souverain, répands sur ceux qui s'inclinent devant toi un esprit de contrition, afin que ta miséricorde leur obtienne la récompense promise à ceux qui font pénitence. Par le Christ, notre Seigneur. — ***Amen.***

RITE DE CONCLUSION

Bénédiction et envoi

INVITATION

Pour commencer le Carême, pourquoi ne pas mettre des cendres dans une soucoupe que je déposerai dans mon coin prière ?

COMMENTAIRE

Le jour du salut 2 Corinthiens 5, 20 – 6, 2

En recevant les cendres, la crainte peut nous saisir. Nous avons pris de bonnes résolutions mais l'expérience nous murmure déjà que nous serons incapables de les tenir. Saint Paul vient à notre secours : « Le voici maintenant le moment favorable, le voici maintenant le jour du salut. » « Rien que pour aujourd'hui », fredonne en écho la petite Thérèse. Ce refrain nous permettra de presser le pas jusqu'à Pâques, sans perdre cœur. ■

Sœur Bénédicte de la Croix, *cistercienne*

JEUDI 6 MARS 2025

JEUDI APRÈS LES CENDRES COULEUR LITURGIQUE : VIOLET

Temps du Carême, *messe de la férie*

Antienne d'ouverture

Quand je crie vers Dieu,
il entend ma voix, il me met à l'abri
de ceux qui me poursuivent.
Décharge-toi de tes inquiétudes sur le Seigneur :
et lui-même te nourrira. (cf. Ps 54, 17-20.23)

Prière

Que ta grâce inspire et précède notre action, nous t'en prions, Seigneur, qu'elle la soutienne et l'accompagne, pour que toutes nos activités prennent leur source en toi et reçoivent de toi leur achèvement. Par Jésus… ***— Amen.***

Lecture

du livre du Deutéronome (30, 15-20)

Vois ! Aujourd'hui je vous propose la bénédiction ou la malédiction

Moïse disait au peuple : « Vois ! Je mets aujourd'hui devant toi ou bien la vie et le bonheur, ou bien la mort et le malheur. Ce que je te commande aujourd'hui, c'est d'aimer le Seigneur ton Dieu, de marcher dans ses chemins, de garder ses commandements, ses décrets et ses ordonnances. Alors, tu vivras et te multiplieras ; le Seigneur ton

Dieu te bénira dans le pays dont tu vas prendre possession. Mais si tu détournes ton cœur, si tu n'obéis pas, si tu te laisses entraîner à te prosterner devant d'autres dieux et à les servir, je vous le déclare aujourd'hui : certainement vous périrez, vous ne vivrez pas de longs jours sur la terre dont vous allez prendre possession quand vous aurez passé le Jourdain. Je prends aujourd'hui à témoin contre vous le ciel et la terre : je mets devant toi la vie ou la mort, la bénédiction ou la malédiction. Choisis donc la vie, pour que vous viviez, toi et ta descendance, en aimant le Seigneur ton Dieu, en écoutant sa voix, en vous attachant à lui ; c'est là que se trouve ta vie, une longue vie sur la terre que le Seigneur a juré de donner à tes pères, Abraham, Isaac et Jacob. »
– Parole du Seigneur.

Psaume 1

℟ ***Heureux est l'homme qui met sa foi dans le Seigneur.***

Heureux est l'homme
qui n'entre pas au conseil des méchants,
qui ne suit pas le chemin des pécheurs,
ne siège pas avec ceux qui ricanent,
mais se plaît dans la loi du Seigneur
et murmure sa loi jour et nuit ! ℟

Il est comme un arbre
planté près d'un ruisseau,
qui donne du fruit en son temps,
et jamais son feuillage ne meurt ;
tout ce qu'il entreprend réussira.
Tel n'est pas le sort des méchants. ℟

Mais ils sont comme la paille
balayée par le vent.
Le Seigneur connaît le chemin des justes,
mais le chemin des méchants se perdra. ℟

Acclamation de l'Évangile

Tes paroles, Seigneur, sont esprit et elles sont vie. Convertissez-vous, dit le Seigneur, car le royaume des Cieux est tout proche. ***Tes paroles, Seigneur, sont esprit et elles sont vie.***

Évangile de Jésus Christ

selon saint Luc (9, 22-25)

« Celui qui perdra sa vie à cause de moi la sauvera »

En ce temps-là, Jésus disait à ses disciples : « Il faut que le Fils de l'homme souffre beaucoup, qu'il soit rejeté par les anciens, les grands prêtres et les scribes, qu'il soit tué, et que, le troisième jour, il ressuscite. » Il leur disait à tous : « Celui qui veut marcher à ma suite, qu'il renonce à lui-même, qu'il prenne sa croix chaque jour et qu'il me suive. Car celui qui veut sauver sa vie la perdra ; mais celui qui perdra sa vie à cause de moi la sauvera. Quel avantage un homme aura-t-il à gagner le monde entier, s'il se perd ou se ruine lui-même ? »

Prière sur les offrandes

Regarde avec bonté, Seigneur, nous t'en prions, les offrandes que nous déposons sur l'autel qui t'est consacré ; en nous procurant ton pardon, qu'elles servent à la gloire de ton nom. Par le Christ, notre Seigneur. ***— Amen.*** *Préface du Carême, p. 240.*

Antienne de la communion

Crée en moi un cœur pur, ô mon Dieu, renouvelle et raffermis au fond de moi mon esprit. (Ps 50, 12)

Prière après la communion

Dieu tout-puissant, par ce don venu du ciel, nous avons reçu ta bénédiction ; nous t'en supplions humblement : qu'il ne cesse jamais de nous apporter à la fois ton pardon et notre salut. Par le Christ, notre Seigneur. — ***Amen.***

Prière sur le peuple

Le prêtre peut dire la prière suivante :

Dieu tout-puissant, tu as fait connaître à ton peuple les chemins de la vie éternelle ; nous t'en prions, donne-lui de les suivre pour parvenir jusqu'à toi, lumière sans déclin. Par le Christ, notre Seigneur. — ***Amen.***

INVITATION

Quelle est la croix que je trouve lourde à porter en ce moment ? Quelle est celle d'un proche, que je soutiens ? Je me tourne vers l'espérance de la Résurrection : la vie est plus forte que la mort.

COMMENTAIRE

Vers la vie véritable

Deutéronome 30, 15-20 ; Luc 9, 22-25

« Choisis donc la vie. » Cette invitation lancée par Dieu dans le livre du Deutéronome se trouve bousculée par l'affirmation de Jésus : « Celui qui veut sauver sa vie la perdra. » Il nous encourage à prendre le beau risque de nous ouvrir à une existence dont l'horizon est éternel, arrimée au Dieu trois fois saint. Voilà de quoi nous soutenir dans notre montée vers Pâques et nous aider à discerner la vie véritable. ■

Sœur Bénédicte de la Croix, *cistercienne*

VENDREDI 7 MARS 2025

VENDREDI APRÈS LES CENDRES COULEUR LITURGIQUE : VIOLET

Temps du Carême, *messe de la férie*
(Sainte Perpétue et sainte Félicité)

Antienne d'ouverture

Le Seigneur m'a entendu, il m'a pris en pitié.
Le Seigneur est venu à mon aide. (cf. Ps 29, 11)

Prière

Que ta bienveillance nous accompagne, Seigneur, durant ce temps de pénitence qui vient de commencer, afin que la discipline imposée à notre corps soit aussi pratiquée d'un cœur sincère. Par Jésus… ***— Amen.***

Lecture

du livre du prophète Isaïe (58, 1-9a)

« Est-ce là le jeûne qui me plaît ? »

Ainsi parle le Seigneur Dieu : Crie à pleine gorge ! Ne te retiens pas ! Que s'élève ta voix comme le cor ! Dénonce à mon peuple sa révolte, à la maison de Jacob ses péchés. Ils viennent me consulter jour après jour, ils veulent connaître mes chemins. Comme une nation qui pratiquerait la justice et n'abandonnerait pas le droit de son Dieu, ils me demandent des ordonnances justes, ils voudraient que Dieu soit proche : « Quand nous jeûnons, pourquoi ne le vois-tu pas ? Quand nous faisons pénitence, pourquoi ne le sais-tu pas ? » Oui, mais le jour où vous jeûnez, vous savez bien

faire vos affaires, et vous traitez durement ceux qui peinent pour vous. Votre jeûne se passe en disputes et querelles, en coups de poing sauvages. Ce n'est pas en jeûnant comme vous le faites aujourd'hui que vous ferez entendre là-haut votre voix. Est-ce là le jeûne qui me plaît, un jour où l'homme se rabaisse* ? S'agit-il de courber la tête comme un roseau, de coucher sur le sac et la cendre ? Appelles-tu cela un jeûne, un jour agréable au Seigneur ? Le jeûne qui me plaît, n'est-ce pas ceci : faire tomber les chaînes injustes, délier les attaches du joug, rendre la liberté aux opprimés, briser tous les jougs ? N'est-ce pas partager ton pain avec celui qui a faim, accueillir chez toi les pauvres sans abri, couvrir celui que tu verras sans vêtement, ne pas te dérober à ton semblable ? Alors ta lumière jaillira comme l'aurore, et tes forces reviendront vite. Devant toi marchera ta justice, et la gloire du Seigneur fermera la marche. Alors, si tu appelles, le Seigneur répondra; si tu cries, il dira : « Me voici. »

– Parole du Seigneur.

Psaume 50 (51)

℟ ***Tu ne repousses pas, ô mon Dieu, un cœur brisé et broyé.***

Pitié pour moi, mon Dieu, dans ton amour,
selon ta grande miséricorde,
efface mon péché.
Lave-moi tout entier de ma faute,
purifie-moi de mon offense. ℟

Oui, je connais mon péché,
ma faute est toujours devant moi.
Contre toi, et toi seul, j'ai péché,
ce qui est mal à tes yeux, je l'ai fait. ℟

Si j'offre un sacrifice, tu n'en veux pas,
tu n'acceptes pas d'holocauste.
Le sacrifice qui plaît à Dieu, c'est un esprit brisé ;
tu ne repousses pas, ô mon Dieu, un cœur brisé et broyé. ℟

Acclamation de l'Évangile

Gloire au Christ, Sagesse éternelle du Dieu vivant. Gloire à toi, Seigneur.
Cherchez le bien, non le mal, afin de vivre. Ainsi le Seigneur sera avec vous.
Gloire au Christ, Sagesse éternelle du Dieu vivant. Gloire à toi, Seigneur.

Évangile de Jésus Christ

selon saint Matthieu (9, 14-15)

« Des jours viendront où l'Époux leur sera enlevé ; alors ils jeûneront »

En ce temps-là, les disciples de Jean le Baptiste s'approchèrent de Jésus en disant : « Pourquoi, alors que nous et les pharisiens, nous jeûnons, tes disciples ne jeûnent-ils pas ? » Jésus leur répondit : « Les invités de la noce pourraient-ils donc être en deuil pendant le temps où l'Époux est avec eux ? Mais des jours viendront où l'Époux leur sera enlevé ; alors ils jeûneront. »

Prière sur les offrandes

Nous t'en prions, Seigneur, que le sacrifice, offert en ce temps où nous pratiquons le Carême, nous rende agréables à tes yeux et nous aide à nous montrer plus empressés dans le renoncement. Par le Christ, notre Seigneur. ***— Amen.***

Préface du Carême, p. 240.

Antienne de la communion

Seigneur, enseigne-moi tes chemins, fais-moi connaître ta route.
(Ps 24, 4)

Prière après la communion

Nous t'en prions, Dieu tout-puissant : par notre participation à ce mystère, nous avons été purifiés de tous nos péchés ; puissions-nous vivre en accord avec la guérison reçue de ta tendresse. Par le Christ, notre Seigneur. — ***Amen.***

Prière sur le peuple

Le prêtre peut dire la prière suivante :

Dieu de miséricorde, que ton peuple ne cesse de rendre grâce pour tes merveilles, et qu'au terme de son pèlerinage sur la terre, fidèle aux observances transmises d'âge en âge, il puisse te contempler sans fin. Par le Christ, notre Seigneur. — ***Amen.***

INVITATION

Il y a 400 ans, Yvon Nicolazic faisait la découverte de la statue de sainte Anne dans le Morbihan. Pour fêter ce jubilé, je peux prier pour tous les Bretons.

VENDREDI 7 MARS 2025

COMMENTAIRE

Sortir de la routine

Isaïe 58, 1-9a

Le jeûne évoque spontanément les petits plaisirs de table dont nous pourrions nous priver. Un effort bon pour la santé et pour notre tour de taille ! Par la bouche du prophète Isaïe, Dieu nous déloge de notre routine. Un engagement concret pour la justice, le partage au quotidien, voilà le jeûne qui lui plaît. L'occasion rêvée de rencontrer le Seigneur sous les traits des plus démunis. Un engagement autrement sérieux qu'un carré de chocolat ! ■

Sœur Bénédicte de la Croix, *cistercienne*

✲ CLÉ DE LECTURE

« Se rabaisse »

Isaïe 58, 5 *(p. 59)*

La dénonciation est radicale : les manifestations cultuelles les plus prisées, le jeûne, la pénitence, Dieu n'en veut pas ! C'est un changement du cœur qu'il demande, plus encore, la réconciliation et le retour à des relations fraternelles et respectueuses avec ceux que nous fréquentons. Laissons-nous surprendre ! Dieu refuse que l'être humain s'abaisse, courbe la tête, il s'insurge contre toute humiliation volontaire ou imposée. Cela peut choquer notre souci traditionnel de l'humilité, de la modestie, dont nul ne contestera la valeur ; mais il doit s'accompagner de la conviction que Dieu nous veut debout. Dieu relève l'abaissé, l'humilié, Dieu veut l'être humain comme partenaire libre et responsable, capable à son tour de relever le plus faible. ■

Roselyne Dupont-Roc, *bibliste*

SAMEDI 8 MARS 2025

SAMEDI APRÈS LES CENDRES COULEUR LITURGIQUE : VIOLET

Temps du Carême, *messe de la férie*
(Saint Jean de Dieu)

Antienne d'ouverture

Réponds-nous, Seigneur, car il est bon, ton amour ;
dans ta grande tendresse, regarde-nous.
(cf. Ps 68, 17)

Prière

Dieu éternel et tout-puissant, jette un regard de bonté sur notre faiblesse, et pour nous protéger, étends sur nous ta main souveraine. Par Jésus… ***— Amen.***

Lecture

du livre du prophète Isaïe (58, 9b-14)

« Si tu donnes à celui qui a faim ce que toi, tu désires, ta lumière se lèvera dans les ténèbres »

Ainsi parle le Seigneur : si tu fais disparaître de chez toi le joug, le geste accusateur, la parole malfaisante, si tu donnes à celui qui a faim ce que toi, tu désires, et si tu combles les désirs du malheureux, ta lumière se lèvera dans les ténèbres et ton obscurité sera lumière de midi. Le Seigneur sera toujours ton guide. En plein désert, il comblera tes désirs et te rendra vigueur. Tu seras comme un jardin bien irrigué, comme une source où les eaux ne manquent jamais. Tu rebâtiras les ruines anciennes, tu

restaureras les fondations séculaires. On t'appellera : « Celui qui répare les brèches », « Celui qui remet en service les chemins ». Si tu t'abstiens de voyager le jour du sabbat, de traiter tes affaires pendant mon jour saint, si tu nommes « délices » le sabbat et déclares « glorieux » le jour saint du Seigneur, si tu le glorifies, en évitant démarches, affaires et pourparlers, alors tu trouveras tes délices dans le Seigneur ; je te ferai chevaucher sur les hauteurs du pays, je te donnerai pour vivre l'héritage de Jacob ton père. Oui, la bouche du Seigneur a parlé. – Parole du Seigneur.

Psaume 85 (86)

℟ ***Montre-moi ton chemin, Seigneur, que je marche suivant ta vérité.***

Écoute, Seigneur, réponds-moi,
car je suis pauvre et malheureux.
Veille sur moi qui suis fidèle, ô mon Dieu,
sauve ton serviteur qui s'appuie sur toi. ℟

Prends pitié de moi, Seigneur,
toi que j'appelle chaque jour.
Seigneur, réjouis ton serviteur :
vers toi, j'élève mon âme ! ℟

Toi qui es bon et qui pardonnes,
plein d'amour pour tous ceux qui t'appellent,
écoute ma prière, Seigneur,
entends ma voix qui te supplie. ℟

Acclamation de l'Évangile

Tes paroles, Seigneur, sont esprit et elles sont vie. Je ne prends pas plaisir à la mort du méchant, dit le Seigneur. Qu'il se détourne de sa conduite, et qu'il vive ! ***Tes paroles, Seigneur, sont esprit et elles sont vie.***

Évangile de Jésus Christ
selon saint Luc (5, 27-32)

« Je ne suis pas venu appeler des justes mais des pécheurs, pour qu'ils se convertissent »

En ce temps-là, Jésus sortit et remarqua un publicain (c'est-à-dire un collecteur d'impôts) du nom de Lévi assis au bureau des impôts. Il lui dit : « Suis-moi. » Abandonnant tout, l'homme se leva ; et il le suivait. Lévi donna pour Jésus une grande réception dans sa maison ; il y avait là une foule nombreuse de publicains et d'autres gens attablés avec eux. Les pharisiens et les scribes de leur parti récriminaient en disant à ses disciples : « Pourquoi mangez-vous et buvez-vous avec les publicains et les pécheurs ? » Jésus leur répondit : « Ce ne sont pas les gens en bonne santé qui ont besoin du médecin, mais les malades. Je ne suis pas venu appeler des justes mais des pécheurs, pour qu'ils se convertissent. »

Prière sur les offrandes
Accueille, Seigneur, le sacrifice de louange et de paix ; accorde-nous d'être purifiés par son action et de t'offrir un cœur qui te plaise. Par le Christ, notre Seigneur. ***— Amen.*** *Préface du Carême, p. 240.*

Antienne de la communion
Je veux la miséricorde,
non le sacrifice, dit le Seigneur,
car je ne suis pas venu
appeler des justes,
mais des pécheurs.
(Mt 9, 13)

Prière après la communion

Fortifiés par le don de la vie du ciel, Seigneur, nous te prions : que ce sacrement offert dans la vie présente nous soit un secours pour l'éternité. Par le Christ, notre Seigneur. — ***Amen.***

Prière sur le peuple

Le prêtre peut dire la prière suivante :

Dans ta bonté, Seigneur, reste auprès de ton peuple qui s'est approché des saints mystères, afin que nul danger ne le menace, lui qui a mis sa confiance dans ta protection. Par le Christ, notre Seigneur. — ***Amen.***

INVITATION

Je peux prier particulièrement pour les catéchumènes qui vivent leur appel décisif demain et pour ceux qui les accompagnent.

COMMENTAIRE

Sauveur de tous

Luc 5, 27-32

« Suis-moi », dit Jésus s'adressant à Matthieu. « Abandonnant tout, l'homme se leva ; et il le suivait. » La concision des termes exprime la force du bouleversement intérieur de cet homme à la solde de l'occupant romain, méprisé par les siens. Au seuil du Carême, ce récit de vocation résonne comme un rappel : aujourd'hui comme hier, le Christ vient au-devant des pécheurs et des malades, impatient que tous soient sauvés. ■

Sœur Bénédicte de la Croix, *cistercienne*

DIMANCHE 9 MARS 2025

1ER DIMANCHE DE CARÊME

ANNÉE C – COULEUR LITURGIQUE : VIOLET

Résister à la tentation. Le Carême est un temps privilégié pour méditer longuement la parole de Jésus. Nous connaissons cette nécessité de la vie spirituelle et, chaque jour, nous demandons au Père de nous y aider. Il ne nous laisse pas seuls, il nous donne son Fils, vainqueur du mal et de la mort. Que l'évangile de ce dimanche nous remplisse de force.

RITES INITIAUX

Chant d'entrée *(Suggestions p. 260)*
OU
Antienne d'ouverture
Quand mon serviteur m'appelle, dit le Seigneur,
moi, je lui réponds. Je veux le libérer, le glorifier ;
de longs jours, je veux le rassasier.
(cf. Ps 90, 15-16)

Suggestion de préparation pénitentielle *(ou p. 233)*
Frères et sœurs, sûrs de notre foi en la miséricorde, reconnaissons-nous pécheurs et demandons le pardon du Seigneur.

Seigneur Jésus, tu es l'Envoyé du Père, tu nous révèles sa tendresse, Kyrie, eleison.
— Kyrie, eleison.
Ô Christ, ta vie donnée nous sauve, tu es notre force et notre joie, Christe, eleison.
— Christe, eleison.
Seigneur, tu nous ouvres la vie éternelle, tu affermis notre foi, Kyrie, eleison.
— Kyrie, eleison.

Que Dieu tout-puissant nous fasse miséricorde ; qu'il nous pardonne nos péchés et nous conduise à la vie éternelle. ***— Amen.***

Pendant le Carême, on omet le Gloire à Dieu.

Prière

Dieu tout-puissant, toi qui nous invites chaque année à vivre le Carême en vérité, donne-nous de progresser dans l'intelligence du mystère du Christ et d'en rechercher la réalisation par une vie qui lui corresponde. Lui qui… ***— Amen.***

LITURGIE DE LA PAROLE

Lecture du livre du Deutéronome (26, 4-10)

La profession de foi du peuple élu

Moïse disait au peuple : Lorsque tu présenteras les prémices de tes récoltes, le prêtre recevra de tes mains la corbeille et la déposera devant l'autel du Seigneur ton Dieu. Tu prononceras ces paroles devant le Seigneur ton Dieu : « Mon père était un Araméen nomade, qui descendit en Égypte : il y vécut en immigré avec son petit clan. C'est là qu'il est devenu une grande nation, puissante et nombreuse. Les Égyptiens nous ont maltraités, et réduits à la pauvreté ; ils nous ont imposé un dur esclavage. Nous avons crié vers le Seigneur, le Dieu de nos pères. Il a entendu notre voix, il a vu que nous étions dans la misère, la peine et l'oppression. Le Seigneur nous a fait sortir d'Égypte à main forte et à bras étendu, par des actions terrifiantes, des signes et des prodiges. Il nous a conduits

dans ce lieu et nous a donné ce pays, un pays ruisselant de lait et de miel. Et maintenant voici que j'apporte les prémices des fruits du sol que tu m'as donné, Seigneur. » – Parole du Seigneur.

Psaume 90 (91)

℟ *Sois avec moi, Seigneur, dans mon épreuve.*

T. : AELF ; M. : J.-P. Lécot ; Éd. : ADF.

Quand je me tiens sous l'abri du Très-Haut
et repose à l'ombre du Puissant,
je dis au Seigneur : « Mon refuge,
mon rempart, mon Dieu, dont je suis sûr ! » ℟

Le malheur ne pourra te toucher,
ni le danger, approcher de ta demeure :
il donne mission à ses anges
de te garder sur tous tes chemins. ℟

Écoutez ce psaume sur **www.prionseneglise.fr/messe-du-dimanche**

Ils te porteront sur leurs mains
pour que ton pied ne heurte les pierres ;
tu marcheras sur la vipère et le scorpion,
tu écraseras le lion et le Dragon. ℟

« Puisqu'il s'attache à moi, je le délivre ;
je le défends, car il connaît mon nom.
Il m'appelle, et moi, je lui réponds ;
je suis avec lui dans son épreuve. » ℟

Lecture de la lettre de saint Paul apôtre aux Romains (10, 8-13)

La profession de foi en Jésus Christ

Frères, que dit l'Écriture ? *Tout près de toi est la Parole, elle est dans ta bouche et dans ton cœur.* Cette Parole, c'est le message de la foi que nous proclamons. En effet, si de ta bouche, tu affirmes que Jésus est Seigneur, si, dans ton cœur, tu crois que Dieu l'a ressuscité d'entre les morts, alors tu seras sauvé. Car c'est avec le cœur que l'on croit pour devenir juste, c'est avec la bouche que l'on affirme sa foi pour parvenir au salut. En effet, l'Écriture dit : *Quiconque met en lui sa foi ne connaîtra pas la honte.* Ainsi, entre les Juifs et les païens, il n'y a pas de différence : tous ont le même Seigneur, généreux envers tous ceux qui l'invoquent. En effet, quiconque invoquera le nom du Seigneur sera sauvé.

– Parole du Seigneur.

Acclamation de l'Évangile

Ta Parole, Seigneur, est vérité, et ta loi, délivrance. L'homme ne vit pas seulement de pain, mais de toute parole qui sort de la bouche de Dieu. ***Ta Parole, Seigneur, est vérité, et ta loi, délivrance.***

T. : AELF ; M. : P. Robert.

Évangile de Jésus Christ selon saint Luc (4, 1-13)

« Dans l'Esprit, il fut conduit à travers le désert où il fut tenté »

En ce temps-là, après son baptême, Jésus, rempli d'Esprit Saint, quitta les bords du Jourdain ; dans l'Esprit, il fut conduit à travers le désert où, pendant quarante jours, il fut tenté par le diable. Il ne mangea rien durant ces jours-là, et, quand ce temps fut écoulé, il eut faim. Le diable lui dit alors : « Si tu es Fils de Dieu, ordonne à cette pierre de devenir du pain. » Jésus répondit : « Il est écrit : *L'homme ne vit pas seulement de pain.* »

Alors le diable l'emmena plus haut et lui montra en un instant tous les royaumes de la terre. Il lui dit : « Je te donnerai tout ce pouvoir et la gloire de ces royaumes, car cela m'a été remis et je le donne à

qui je veux. Toi donc, si tu te prosternes devant moi, tu auras tout cela. » Jésus lui répondit : « Il est écrit : *C'est devant le Seigneur ton Dieu que tu te prosterneras, à lui seul tu rendras un culte.* »
Puis le diable le conduisit à Jérusalem, il le plaça au sommet du Temple et lui dit : « Si tu es Fils de Dieu, d'ici jette-toi en bas ; car il est écrit : *Il donnera pour toi, à ses anges, l'ordre de te garder ;* et encore : *Ils te porteront sur leurs mains, de peur que ton pied ne heurte une pierre.* » Jésus lui fit cette réponse : « Il est dit : *Tu ne mettras pas à l'épreuve le Seigneur ton Dieu.* »
Ayant ainsi épuisé toutes les formes de tentations, le diable s'éloigna de Jésus jusqu'au moment fixé.

Homélie

Profession de foi *(p. 236)*

Suggestion de prière universelle

Le prêtre :
Dieu le Père n'est jamais insensible au malheur des hommes. Avec foi et charité, confions à son amour nos frères et sœurs dans la détresse.
℟ ***Dans ta miséricorde, Seigneur, écoute-nous.***

DIMANCHE 9 MARS 2025

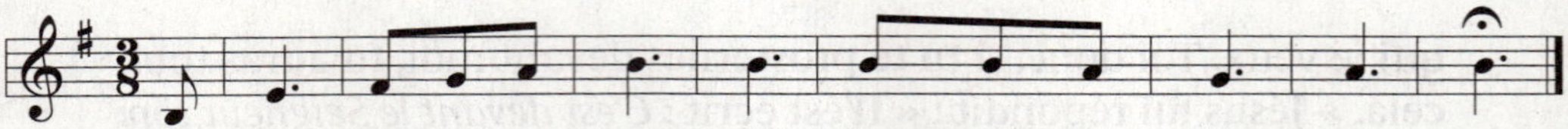

Dans ta mi-sé-ri-cor-de, Seigneur, é-cou-te-nous.

Éd. de l'Emmanuel ; M. : J.-M. Morin.

Le diacre ou un lecteur :

Les prédicateurs et tous ceux qui annoncent la Parole de salut sont davantage sollicités durant le Carême. Pour que leur témoignage touche les cœurs, Dieu, nous te supplions. ℟

De nombreux jeunes se laissent tenter, influencer et entraîner par les réseaux sociaux. Pour que les dirigeants politiques et économiques prennent des décisions qui les protègent, Dieu, nous te supplions. ℟

Le numérique a modifié notre quotidien, nos vies, nos relations. Pour les victimes d'arnaque et d'abus de confiance, Dieu, nous te supplions. ℟

En ce premier dimanche du Carême, les diocèses célèbrent l'appel décisif des catéchumènes. Pour que chaque communauté les accompagne vers la joie de Pâques, Dieu, nous te supplions. ℟

(Ces intentions seront adaptées ou modifiées selon les circonstances. On peut aussi s'inspirer de l'intention universelle du Saint-Père, p. 6.)

Le prêtre :

Père Très-Haut, accorde aux accablés de souffrance le réconfort de ton amour et accueille favorablement la prière qui monte vers toi. Par le Christ, notre Seigneur. ***— Amen.***

LITURGIE EUCHARISTIQUE

Prière sur les offrandes

Alors que nous célébrons les débuts de ce temps très saint, nous te prions, Seigneur : fais que nos cœurs correspondent vraiment aux offrandes que nous allons présenter. Par le Christ, notre Seigneur. ***— Amen.***

Prière eucharistique *(Préface du 1er dimanche de Carême)*

Vraiment, il est juste et bon, pour ta gloire et notre salut, de t'offrir notre action de grâce, toujours et en tout lieu, Seigneur, Père très saint, Dieu éternel et tout-puissant, par le Christ, notre Seigneur. En jeûnant quarante jours au désert, il consacrait le temps du Carême ; lorsqu'il déjouait les pièges du Tentateur des origines, il nous apprenait à écarter le ferment du mal ; ainsi pourrons-nous célébrer dignement le mystère pascal et enfin passer à la Pâque éternelle. C'est pourquoi, avec la multitude des anges et des saints, nous chantons l'hymne de ta gloire et sans fin nous proclamons : ***Saint ! Saint ! Saint…***

Chant de communion *(Suggestions p. 260)*

OU

Antienne de la communion

L'homme ne vit pas seulement de pain, mais de toute parole
qui sort de la bouche de Dieu. (Mt 4, 4)

OU
Le Seigneur te couvre et te protège,
tu trouves sous son aile un refuge. (cf. Ps 90, 4)

Prière après la communion

Restaurés par le pain du ciel, qui nourrit la foi, stimule l'espérance et fortifie la charité, nous t'en prions, Seigneur : apprends-nous à toujours avoir faim de celui qui est le pain vivant et vrai, et à vivre de toute parole qui sort de ta bouche. Par le Christ, notre Seigneur. — ***Amen.***

Prière sur le peuple

Le prêtre peut dire la prière suivante :
Que descende sur ton peuple, Seigneur, l'abondance de ta bénédiction, afin que dans l'épreuve grandisse l'espérance, que dans la tentation s'affermisse le courage, et que soit accordée la rédemption éternelle. Par le Christ, notre Seigneur. — ***Amen.***

RITE DE CONCLUSION

Bénédiction

Envoi

COMMENTAIRE DU DIMANCHE

Anne Da, xavière

Le Carême avec gratitude

La première lecture nous met au cœur de l'histoire du peuple de Dieu. Un peuple nomade qui a rencontré bien des épreuves mais qui a osé crier sa détresse au Seigneur. Fidèle à l'Alliance scellée avec Abraham, le Seigneur a ouvert l'oreille à la misère de son peuple et y a répondu en le libérant des mains de l'oppresseur. Il a pris soin de son peuple, l'a nourri, le conduisant vers un pays ruisselant de lait et de miel.
Chacun de nous prend place dans cette histoire sainte, appelés à vivre de l'Alliance qui s'exprime par l'offrande faite au Seigneur du meilleur de la récolte des fruits de la terre, des fruits de nos vies. En remettant le fruit de son labeur, le peuple se reconnaît fondé sur une relation d'amour avec le Seigneur. Lui se donne. le croyant offre en retour ce qu'il a reçu du Seigneur lui-même. •••

••• Entrons avec gratitude dans ce temps de Carême, lieu et temps d'un combat. Le Tentateur insinue un soupçon : « Si tu es Fils de Dieu », convoquant Jésus à donner une preuve de sa puissance de façon spectaculaire.
Mais Jésus n'a comme arme, comme unique appui, que la parole de Dieu : « L'homme ne vit pas seulement de pain » ;« Tu ne mettras pas à l'épreuve le Seigneur ton Dieu ».
Le Carême invite chacun et chacune à croire en Jésus Christ que Dieu a ressuscité d'entre les morts, à tout recevoir de lui pour tout lui remettre dans l'offrande de sa vie.

~

Comment offrir au Seigneur les prémices de mon travail,
de mon activité et lui dire ma gratitude pour ce qu'il est ?

Quelle décision prendre pour m'appuyer sur la parole de Dieu pour ce temps de Carême ? ■

Prions en Église junior

LIRE L'ÉVANGILE AVEC LES ENFANTS

CE QUE JE DÉCOUVRE

Dans le désert, on ne trouve pas d'eau, c'est le lieu de la soif et de la faim. Et Jésus est mis à l'épreuve. Le diable veut semer le trouble dans son cœur. **Mais Jésus n'est pas tout seul.** À son baptême, il a reçu l'amour de Dieu son Père et **il est conduit par l'Esprit Saint.** Les paroles de la Bible le guident. Ainsi, dans l'épreuve, Jésus nous montre le chemin de la confiance.

Pendant le Carême, **l'Esprit Saint, la parole de Dieu et la prière** nous rendent plus forts pour découvrir la puissance de l'amour de Dieu.

CE QUE JE VIS

Où et quand prends-tu du temps pour découvrir la parole de Dieu ?
Quand tu as envie de faire quelque chose de mal, comment résistes-tu ?

Les mains ouvertes, dis la prière du Notre Père. Répète calmement : « Mais ne nous laisse pas entrer en tentation. »

Texte : Cédric Kuntz. Illustrations : Marcelino Truong

MÉDITATION BIBLIQUE

1ER DIMANCHE DE CARÊME

Psaume 90 (91)

Paisible et lucide

Le psaume est une parole qui vient du dedans, du cœur de l'expérience, qui est offerte en partage.

Le temps de la préparation

« Ayant ainsi épuisé toutes les formes de tentations, le diable s'éloigna de Jésus jusqu'au moment fixé. » (Lc 4, 13)

Le temps de l'observation

Le psaume témoigne d'un sentiment de sécurité et de confiance. C'est le récit d'un état intérieur où la personne se sent « à l'abri » et explique ce qu'elle ressent en l'attribuant à la relation qui la relit à Dieu. Son témoignage est précis. À partir de ce qu'elle perçoit de la paix qui l'habite, cette personne témoigne de son absence de crainte. Elle ne dit pas qu'il ne lui arrivera rien. Elle est au contraire très lucide sur toutes les menaces qui entourent sa vie : pierres, vipères, scorpions, lions et dragons sont autant de dangers réels ou imaginaires qui peuvent se trouver sur son chemin pour l'empêcher d'avancer. Elle sait pourtant que, malgré cela, rien ne prendra le pouvoir sur sa vie. La force qu'elle identifie en elle ne vient pas d'une compétence acquise. Elle ne vient tout simplement pas d'elle mais de la place qu'elle occupe « sous l'abri du Très-Haut », « à l'ombre du Puissant ».

Le temps de la méditation

« Sous l'abri du Très-Haut », « à l'ombre du Puissant », ces paroles ressemblent à la description d'un rêve et sont des affirmations qui peuvent prêter à sourire. Et pourtant… Ce psaume ouvre une compréhension de ce que peut signifier vivre en étant croyant. Dans ces paroles, il n'y a pas de vision idyllique de la réalité et croire ne sert pas à empêcher les obstacles ou à les faire disparaître de son existence. La foi en Dieu permet simplement de les vivre le plus sereinement possible. Ce psaume raconte une expérience accessible à chacun. Tout croyant peut y puiser une façon de vivre sa foi pour traverser la vie en sachant que la séparation avec l'Unique n'est qu'une illusion. Ainsi, tout ce qui nous fait peur et nous menace n'a qu'une existence et une force relative. La réalité est du côté de Dieu. L'illusion consiste à penser que ce qui nous fait mal peut avoir le dernier mot. C'est faux. L'auteur du psaume trace un chemin et nous invite à l'emprunter.

Le temps de la prière

« Tout près de toi est la Parole,
elle est dans ta bouche
et dans ton cœur. » (Rm 10, 8) ■

Marie-Laure Durand,
bibliste

L'ÉVÉNEMENT

APPEL DÉCISIF DES CATÉCHUMÈNES

« Me voici ! »

Le samedi ou le dimanche suivant le mercredi des Cendres, dans chaque diocèse, les catéchumènes qui seront baptisés à Pâques sont réunis avec leurs accompagnateurs autour de leur évêque pour célébrer leur appel décisif.

L'appel décisif est célébré après l'entrée en catéchuménat et avant la célébration des sacrements de l'initiation chrétienne à Pâques. « Après un échange avec les accompagnateurs, l'évêque prononce le prénom de chaque futur baptisé. Ils répondent "Me voici" puis inscrivent leur nom dans un registre qui est confié à la prière d'une communauté religieuse », explique Anne-Laure de La Roncière, responsable du catéchuménat à Lille. Céline Bonnet, son homologue à Nantes, souligne l'importance de l'accompagnateur du catéchumène lors de la célébration : « Il témoigne de l'attachement du catéchumène à la parole de Dieu, de son désir de conversion, de sa vie de prière et de son engagement dans la vie ecclésiale. » Ces intentions reflètent l'essence de la vie chrétienne. En effet, le sacrement ne constitue pas le seul but du catéchuménat. Ainsi, Ivo Bohez, 45 ans, baptisée à Pâques 2024 à Halluin (59), partage :

© Corinne Simon / Hans Lucas.

Remise de l'écharpe violette par Mgr Denis Jachiet, évêque auxiliaire de Paris, lors de l'appel décisif des catéchumènes jeunes. Église Saint-Roch, Paris (Ier), 7 mars 2020.

3-9

« Lors de l'appel décisif, je me suis rendu compte que je n'étais pas seule dans cette aventure. Je faisais mes premiers pas dans une grande famille, une famille de foi, de joie et de partage. Cet appel a véritablement marqué un tournant, une invitation à vivre mon baptême pleinement, chaque jour de ma vie. » ■

Sébastien Antoni, journaliste

BAPTÊMES EN HAUSSE : UNE DYNAMIQUE QUI SE CONFIRME

Le nombre d'adultes baptisés à Pâques en 2024 a progressé de 31 % par rapport à 2023, passant de 5 463 à 7 135. Cette dynamique est encore plus marquée chez les adolescents, avec un passage de 2 861 jeunes (âgés de 11 à 17 ans) en 2023 à 5 025 en 2024. Les premières tendances pour 2025 confirment cette croissance.

LUNDI 10 MARS 2025

1RE SEMAINE DE CARÊME COULEUR LITURGIQUE : VIOLET

Temps du Carême, *messe de la férie*

Antienne d'ouverture

Comme les yeux des serviteurs vers la main de leurs maîtres, nos yeux, levés vers le Seigneur notre Dieu, attendent sa pitié. Pitié pour nous, Seigneur, pitié pour nous. (cf. Ps 122, 2-3)

Prière

Fais-nous revenir à toi, Dieu notre Sauveur, et pour que ce Carême nous soit profitable, forme nos esprits par l'enseignement qui vient du ciel. Par Jésus…

— Amen.

Lecture

du livre des Lévites (19, 1-2. 11-18)

« Tu jugeras ton compatriote avec justice »

Le Seigneur parla à Moïse et dit : « Parle à toute l'assemblée des fils d'Israël. Tu leur diras : Soyez saints, car moi, le Seigneur votre Dieu, je suis saint.

« Vous ne volerez pas, vous ne mentirez pas, vous ne tromperez aucun de vos compatriotes. Vous ne ferez pas de faux serments par mon nom : tu profanerais le nom de ton Dieu. Je suis le Seigneur.

« Tu n'exploiteras pas ton prochain, tu ne le dépouilleras pas : tu ne retiendras pas jusqu'au matin la paye

du salarié. Tu ne maudiras pas un sourd, tu ne mettras pas d'obstacle devant un aveugle : tu craindras ton Dieu. Je suis le Seigneur.
« Quand vous siégerez au tribunal, vous ne commettrez pas d'injustice ; tu n'avantageras pas le faible, tu ne favoriseras pas le puissant : tu jugeras ton compatriote avec justice. Tu ne répandras pas de calomnies contre quelqu'un de ton peuple, tu ne réclameras pas la mort de ton prochain. Je suis le Seigneur.
« Tu ne haïras pas ton frère dans ton cœur. Mais tu devras réprimander ton compatriote, et tu ne toléreras pas la faute qui est en lui. Tu ne te vengeras pas. Tu ne garderas pas de rancune contre les fils de ton peuple. Tu aimeras ton prochain comme toi-même. Je suis le Seigneur. »
– Parole du Seigneur.

Psaume 18B (19)

℟ ***Tes paroles, Seigneur, sont esprit et elles sont vie.***

La loi du Seigneur est parfaite,
qui redonne vie ;
la charte du Seigneur est sûre,
qui rend sages les simples. ℟

Les préceptes du Seigneur sont droits,
ils réjouissent le cœur ;
le commandement du Seigneur est limpide,
il clarifie le regard. ℟

La crainte qu'il inspire est pure,
elle est là pour toujours ;
les décisions du Seigneur sont justes
et vraiment équitables. ℟

Accueille les paroles de ma bouche,
le murmure de mon cœur ;
qu'ils parviennent devant toi,
Seigneur, mon rocher, mon défenseur ! ℟

Acclamation de l'Évangile

Louange à toi, Seigneur, Roi d'éternelle gloire ! Voici maintenant le moment favorable, voici maintenant le jour du salut. ***Louange à toi, Seigneur, Roi d'éternelle gloire !***

Évangile de Jésus Christ

selon saint Matthieu (25, 31-46)

« Chaque fois que vous l'avez fait à l'un de ces plus petits de mes frères, c'est à moi que vous l'avez fait »

En ce temps-là, Jésus disait à ses disciples : « Quand le Fils de l'homme viendra dans sa gloire, et tous les anges avec lui, alors il siégera sur son trône de gloire. Toutes les nations seront rassemblées devant lui ; il séparera les hommes les uns des autres, comme le berger sépare les brebis des boucs : il placera les brebis à sa droite, et les boucs à gauche.

« Alors le Roi dira à ceux qui seront à sa droite : "Venez, les bénis de mon Père, recevez en héritage le Royaume préparé pour vous depuis la fondation du monde. Car j'avais faim, et vous m'avez donné à manger ; j'avais soif, et vous m'avez donné à boire ; j'étais un étranger, et vous m'avez accueilli ; j'étais nu, et vous m'avez habillé ; j'étais malade, et vous m'avez visité ; j'étais en prison, et vous êtes venus jusqu'à moi !" Alors les justes lui répondront : "Seigneur, quand est-ce que nous t'avons vu… ? tu avais donc faim, et nous t'avons nourri ? tu avais soif, et nous t'avons donné à boire ? tu étais un étranger, et nous t'avons accueilli ? tu étais nu, et nous t'avons habillé ? tu étais malade ou en prison… Quand sommes-nous venus

jusqu'à toi ?" Et le Roi leur répondra : "Amen, je vous le dis : chaque fois que vous l'avez fait à l'un de ces plus petits de mes frères, c'est à moi que vous l'avez fait."
« Alors il dira à ceux qui seront à sa gauche : "Allez-vous-en loin de moi, vous les maudits, dans le feu éternel préparé pour le diable et ses anges. Car j'avais faim, et vous ne m'avez pas donné à manger ; j'avais soif, et vous ne m'avez pas donné à boire ; j'étais un étranger, et vous ne m'avez pas accueilli ; j'étais nu, et vous ne m'avez pas habillé ; j'étais malade et en prison, et vous ne m'avez pas visité." Alors ils répondront, eux aussi : "Seigneur, quand t'avons-nous vu avoir faim, avoir soif, être nu, étranger, malade ou en prison, sans nous mettre à ton service ?" Il leur répondra : "Amen, je vous le dis : chaque fois que vous ne l'avez pas fait à l'un de ces plus petits, c'est à moi que vous ne l'avez pas fait."
« Et ils s'en iront, ceux-ci au châtiment éternel, et les justes, à la vie éternelle. »

Prière sur les offrandes

Accueille, Seigneur, notre fervent sacrifice : par ton action, qu'il sanctifie notre manière de vivre, et nous obtienne la grâce de ton pardon. Par le Christ, notre Seigneur. — ***Amen.*** *Préface du Carême, p. 240.*

Antienne de la communion

Amen, je vous le dis, tout ce que vous avez fait à l'un de ces plus petits de mes frères, c'est à moi que vous l'avez fait, dit le Seigneur. Venez, les bénis de mon Père, recevez en héritage le Royaume préparé pour vous depuis la fondation du monde. (Mt 25, 40.34)

Prière après la communion

Dans la communion à ton sacrement, Seigneur, fais-nous ressentir un secours pour l'esprit et pour le corps, afin que, sauvés tout entiers, nous trouvions notre gloire au ciel dans la plénitude de la guérison. Par le Christ, notre Seigneur. ***— Amen.***

Prière sur le peuple

Le prêtre peut dire la prière suivante :

Nous t'en prions, Seigneur, éclaire l'intelligence de ton peuple par la lumière de ta gloire, afin qu'il puisse voir ce qu'il doit faire et sache accomplir ce qui est droit. Par le Christ, notre Seigneur. ***— Amen.***

INVITATION

Je regarde chaque personne à qui je rends service ou que je rencontre en me posant la question : « Est-ce toi, Seigneur ? »

COMMENTAIRE

Seigneur, quand est-ce que nous t'avons vu ? Matthieu 25,31-46

Où t'avons-nous vu Seigneur ? Sur les tympans de nos cathédrales, les crèches de nos maisons, les calvaires de nos chemins ? Peut-être, mais plus encore, nous t'avons reconnu sur le visage du malade, du pauvre, du migrant, du prisonnier. Ces mille visages, parfois défigurés, des laissés-pour-compte et blessés de la vie, ces visages croisés au bord de la route ou dans une chambre d'hôpital sont autant de reflets du visage du Christ. ■ *Bertrand Lesoing, prêtre de la communauté Saint-Martin*

MARDI 11 MARS 2025

1RE SEMAINE DE CARÊME COULEUR LITURGIQUE : VIOLET

Temps du Carême, *messe de la férie*

9 - 15

Antienne d'ouverture

D'âge en âge, Seigneur,
tu as été notre refuge ;
de toujours à toujours,
toi, tu es Dieu. (Ps 89, 1-2)

Prière

Regarde ta famille, Seigneur ; et fais que notre esprit, affiné par la discipline imposée à notre corps, resplendisse à tes yeux du désir de te trouver. Par Jésus…
— Amen.

Lecture

du livre du prophète Isaïe (55, 10-11)

Ma parole fait ce qui me plaît

Ainsi parle le Seigneur : « La pluie et la neige qui descendent des cieux n'y retournent pas sans avoir abreuvé la terre, sans l'avoir fécondée et l'avoir fait germer, donnant la semence au semeur et le pain à celui qui doit manger ; ainsi ma parole, qui sort de ma bouche, ne me reviendra pas sans résultat, sans avoir fait ce qui me plaît, sans avoir accompli sa mission. »

– Parole du Seigneur.

Psaume 33 (34)

℟ ***De toutes leurs angoisses, Dieu délivre les justes.***

Magnifiez avec moi le Seigneur,
exaltons tous ensemble son nom.
Je cherche le Seigneur, il me répond :
de toutes mes frayeurs, il me délivre. ℟

Qui regarde vers lui resplendira,
sans ombre ni trouble au visage.
Un pauvre crie ; le Seigneur entend :
il le sauve de toutes ses angoisses. ℟

Le Seigneur regarde les justes,
il écoute, attentif à leurs cris.
Le Seigneur affronte les méchants
pour effacer de la terre leur mémoire. ℟

Le Seigneur entend ceux qui l'appellent :
de toutes leurs angoisses, il les délivre.
Il est proche du cœur brisé,
il sauve l'esprit abattu. ℟

Acclamation de l'Évangile

Ta Parole, Seigneur, est vérité, et ta loi, délivrance. L'homme ne vit pas seulement de pain, mais de toute parole qui sort de la bouche de Dieu. ***Ta Parole, Seigneur, est vérité, et ta loi, délivrance.***

Évangile de Jésus Christ

selon saint Matthieu (6, 7-15)

« Vous donc, priez ainsi »

En ce temps-là, Jésus disait à ses disciples : « Lorsque vous priez, ne rabâchez pas comme les païens : ils s'imaginent qu'à force de paroles ils seront exaucés. Ne les imitez donc pas, car votre Père sait de quoi vous

avez besoin, avant même que vous l'ayez demandé. Vous donc, priez ainsi : Notre Père, qui es aux cieux, que ton nom soit sanctifié, que ton règne vienne, que ta volonté soit faite sur la terre comme au ciel. Donne-nous aujourd'hui notre pain de ce jour. Remets-nous nos dettes, comme nous-mêmes nous remettons leurs dettes à nos débiteurs. Et ne nous laisse pas entrer en tentation, mais délivre-nous du Mal.
« Car, si vous pardonnez aux hommes leurs fautes, votre Père céleste vous pardonnera aussi. Mais si vous ne pardonnez pas aux hommes, votre Père non plus ne pardonnera pas vos fautes. »

Prière sur les offrandes

Dieu, créateur tout-puissant, accepte nos présents, reçus de ta grande générosité ; tu nous les as donnés comme secours pour notre vie sur la terre : dans ta bonté, transforme-les en vue de la vie éternelle. Par le Christ, notre Seigneur. — ***Amen.***

Préface du Carême, p. 240.

Antienne de la communion

Quand je crie, réponds-moi,
Dieu, ma justice !
Toi qui me libères dans la détresse,
pitié pour moi, écoute ma prière !
(Ps 4, 2)

Prière après la communion

Seigneur, nous te prions : tandis que nous modérons nos désirs terrestres, qu'il nous soit donné, par ces mystères, d'apprendre à aimer les biens du ciel. Par le Christ, notre Seigneur. — ***Amen.***

Prière sur le peuple

Le prêtre peut dire la prière suivante :

Que tes fidèles, Seigneur Dieu, trouvent en ta bénédiction une force nouvelle : sois pour eux consolation dans la tristesse, patience dans l'épreuve, secours dans le péril. Par le Christ, notre Seigneur. — ***Amen.***

INVITATION

Si j'en ai le temps, pourquoi ne pas prévoir dès maintenant quelques jours de retraite pendant les prochaines vacances de printemps, en avril au moment de Pâques ?

COMMENTAIRE

Demander, c'est recevoir

Matthieu 6, 7-15

« Ne rabâchez pas comme les païens [...], votre Père sait de quoi vous avez besoin », nous dit aujourd'hui Jésus... juste avant de nous « demander de demander ». La prière du Notre Père est bel et bien une prière de demande : donne-nous, remets-nous, délivre-nous ! Notre Père des cieux a beau savoir de quoi nous avons besoin, il mendie notre prière, non pour faire sentir son pouvoir mais pour se mettre humblement à notre service. ■

Bertrand Lesoing, *prêtre de la communauté Saint-Martin*

MERCREDI 12 MARS 2025

1RE SEMAINE DE CARÊME COULEUR LITURGIQUE : VIOLET

Temps du Carême, *messe de la férie*

Antienne d'ouverture

Rappelle-toi, Seigneur, ta tendresse, ton amour qui est de toujours. Ne laisse pas triompher nos ennemis. Libère-nous, Dieu d'Israël, de toutes nos angoisses. (cf. Ps 24, 6.2.22)

Prière

Regarde, Seigneur, avec bienveillance ton peuple qui cherche à mieux te servir : tandis que nous maîtrisons notre corps par des privations, accorde-nous d'agir selon le bien, et d'être renouvelés dans notre esprit. Par Jésus… ***— Amen.***

9 - 15

Lecture

du livre du prophète Jonas (3, 1-10)

« Les gens de Ninive se détournèrent de leur conduite mauvaise »

La parole du Seigneur fut adressée à Jonas : « Lève-toi, va à Ninive, la grande ville païenne, proclame le message que je te donne sur elle. » Jonas se leva et partit pour Ninive, selon la parole du Seigneur. Or, Ninive était une ville extraordinairement grande : il fallait trois jours pour la traverser. Jonas la parcourut une journée à peine en proclamant : « Encore quarante jours, et Ninive sera détruite ! » Aussitôt, les gens de Ninive crurent en Dieu. Ils annoncèrent un jeûne, et tous, du plus

grand au plus petit, se vêtirent de toile à sac. La chose arriva jusqu'au roi de Ninive. Il se leva de son trône, quitta son manteau, se couvrit d'une toile à sac, et s'assit sur la cendre. Puis il fit crier dans Ninive ce décret du roi et de ses grands : « Hommes et bêtes, gros et petit bétail, ne goûteront à rien, ne mangeront pas et ne boiront pas. Hommes et bêtes, on se couvrira de toile à sac, on criera vers Dieu de toute sa force, chacun se détournera de sa conduite mauvaise et de ses actes de violence. Qui sait si Dieu ne se ravisera pas* et ne se repentira pas, s'il ne reviendra pas de l'ardeur de sa colère ? Et alors nous ne périrons pas ! » En voyant leur réaction, et comment ils se détournaient de leur conduite mauvaise, Dieu renonça au châtiment dont il les avait menacés.
– Parole du Seigneur.

Psaume 50 (51)

℟ ***Tu ne repousses pas, ô mon Dieu, un cœur brisé et broyé.***

Pitié pour moi, mon Dieu, dans ton amour,
selon ta grande miséricorde, efface mon péché.
Lave-moi tout entier de ma faute,
purifie-moi de mon offense. ℟

Crée en moi un cœur pur, ô mon Dieu,
renouvelle et raffermis au fond de moi mon esprit.
Ne me chasse pas loin de ta face,
ne me reprends pas ton esprit saint. ℟

Si j'offre un sacrifice, tu n'en veux pas,
tu n'acceptes pas d'holocauste.
Le sacrifice qui plaît à Dieu,
c'est un esprit brisé ;
tu ne repousses pas, ô mon Dieu,
un cœur brisé et broyé. ℟

Acclamation de l'Évangile

Gloire à toi, Seigneur, honneur, puissance et majesté ! Maintenant, dit le Seigneur, revenez à moi de tout votre cœur, car je suis tendre et miséricordieux. ***Gloire à toi, Seigneur, honneur, puissance et majesté !***

Évangile de Jésus Christ

selon saint Luc (11, 29-32)

« À cette génération il ne sera donné que le signe de Jonas le prophète »

En ce temps-là, comme les foules s'amassaient, Jésus se mit à dire : « Cette génération est une génération mauvaise : elle cherche un signe, mais en fait de signe il ne lui sera donné que le signe de Jonas. Car Jonas a été un signe pour les habitants de Ninive ; il en sera de même avec le Fils de l'homme pour cette génération. Lors du Jugement, la reine de Saba se dressera en même temps que les hommes de cette génération, et elle les condamnera. En effet, elle est venue des extrémités de la terre pour écouter la sagesse de Salomon, et il y a ici bien plus que Salomon. Lors du Jugement, les habitants de Ninive se lèveront en même temps que cette génération, et ils la condamneront ; en effet, ils se sont convertis en réponse à la proclamation faite par Jonas, et il y a ici bien plus que Jonas. »

9 - 15

Prière sur les offrandes

Nous te présentons, Seigneur, les biens que tu nous as donnés pour qu'ils soient consacrés à ton nom : et puisque tu en fais pour nous un sacrement, permets qu'ils nous apportent aussi l'éternelle guérison. Par le Christ, notre Seigneur. ***— Amen.***

Préface du Carême, p. 240.

Antienne de la communion

Allégresse pour tous ceux
qui espèrent en toi, Seigneur :
ils exulteront dans l'éternité
et tu habiteras parmi eux !
(cf. Ps 5, 12)

Prière après la communion

Seigneur Dieu, tu ne cesses pas de nous donner tes sacrements en nourriture ; fais que cet aliment, reçu de ta bonté, nous apporte la vie éternelle. Par le Christ, notre Seigneur. ***— Amen.***

Prière sur le peuple

Le prêtre peut dire la prière suivante :

Protège ton peuple, Seigneur ; dans ta miséricorde, purifie-le de tout péché, car nul malheur ne peut nuire à celui qu'aucun mal ne domine. Par le Christ, notre Seigneur. ***— Amen.***

INVITATION

Le pape François nous invite ce mois-ci à prier pour les familles en crise *(lire p. 6)*.
Et si j'apportais mon aide ou faisais un don à une association
qui leur vient en aide ?

COMMENTAIRE

Du sens des signes… Luc 11, 29-32

Faut-il demander des signes pour être confortés dans notre foi ? Peut-être. Mais plus encore, nous avons à demander la grâce de la conversion, c'est-à-dire la grâce de changer de vie pour toujours plus aimer et nous laisser aimer. C'est ce qu'ont fait jadis les habitants de Ninive : le prophète Jonas a été pour eux un signe, mais ils ne se sont pas arrêtés au signe : « Ils se sont convertis en réponse à la proclamation faite par Jonas. » Une invitation à ne pas nous tromper sur le sens des signes ! ■

Bertrand Lesoing, *prêtre de la communauté Saint-Martin*

❊ CLÉ DE LECTURE

« Si Dieu ne se ravisera pas » Jonas 3, 9 *(p. 94)*

L'histoire de Jonas n'est pas le joli conte pour enfants d'un prophète avalé par un gros poisson qui le rejette sur la côte pour qu'il porte le message de Dieu. Jonas est plutôt le récit étonnant d'un prophète malmené par un Dieu plein d'humour ! Car si Jonas a fui, c'est qu'il soupçonnait bien que Dieu n'était pas décidé à châtier les païens impies. Et lorsqu'il vient, comme malgré lui, inviter les Ninivites à la conversion, il continue à espérer que Dieu les punira. Il faudra que Dieu le fasse souffrir dans sa chair par une insolation inattendue pour qu'il comprenne que Dieu peut être atteint de la même façon par la souffrance des êtres humains. L'amour et l'humour de Dieu mettent en crise toutes nos représentations du jugement et de la justice. ■

Roselyne Dupont-Roc, *bibliste*

JEUDI 13 MARS 2025

1RE SEMAINE DE CARÊME COULEUR LITURGIQUE : VIOLET

Temps du Carême, *messe de la férie*

Antienne d'ouverture

**Écoute mes paroles, Seigneur, comprends ma plainte ;
entends ma voix qui t'appelle, ô mon Roi et mon Dieu !** (Ps 5, 2-3)

Prière

Seigneur, nous t'en prions, inspire-nous de toujours penser ce qui est juste et de l'accomplir avec empressement ; et puisque sans toi nous ne pouvons exister, fais-nous vivre en accord avec toi. Par Jésus… ***— Amen.***

Lecture

du livre d'Esther (4, 17)

« Je n'ai pas d'autre secours que toi, Seigneur »

En ces jours-là, la reine Esther, dans l'angoisse mortelle qui l'étreignait, chercha refuge auprès du Seigneur. Se prosternant à terre avec ses servantes du matin jusqu'au soir, elle disait : « Dieu d'Abraham, Dieu d'Isaac, Dieu de Jacob, tu es béni. Viens à mon secours car je suis seule, et je n'ai pas d'autre défenseur que toi, Seigneur. Car je vais jouer avec le danger. Dans les livres de mes ancêtres, Seigneur, j'ai appris que ceux qui te plaisent, tu les libères pour toujours, Seigneur. Et maintenant, aide-moi, car je suis solitaire et je n'ai que toi, Seigneur mon Dieu.

Maintenant, viens me secourir car je suis orpheline, et mets sur mes lèvres un langage harmonieux quand je serai en présence de ce lion ; fais que je trouve grâce devant lui, et change son cœur : qu'il se mette à détester celui qui nous combat, qu'il le détruise avec tous ses partisans. Et nous, libère-nous de la main de nos ennemis ; rends-nous la joie après la détresse et le bien-être après la souffrance. » – Parole du Seigneur.

Psaume 137 (138)

℟ ***Quand je crie vers toi, Seigneur, tu réponds à mon appel.***

De tout mon cœur, Seigneur,
 je te rends grâce :
tu as entendu les paroles de ma bouche.
Je te chante en présence des anges,
vers ton temple sacré, je me prosterne. ℟

Je rends grâce à ton nom
 pour ton amour et ta vérité,
car tu élèves, au-dessus de tout,
 ton nom et ta parole.

Le jour où tu répondis à mon appel,
tu fis grandir en mon âme la force. ℟

Ta droite me rend vainqueur.
Le Seigneur fait tout pour moi !
Seigneur, éternel est ton amour :
n'arrête pas l'œuvre de tes mains. ℟

Acclamation de l'Évangile

Gloire et louange à toi, Seigneur Jésus ! Crée en moi un cœur pur, ô mon Dieu ; rends-moi la joie d'être sauvé. ***Gloire et louange à toi, Seigneur Jésus !***

Évangile de Jésus Christ

selon saint Matthieu (7, 7-12)

« Quiconque demande reçoit »

En ce temps-là, Jésus disait à ses disciples : « Demandez, on vous donnera ; cherchez, vous trouverez ; frappez, on vous ouvrira. En effet, quiconque demande reçoit ; qui cherche trouve ; à qui frappe, on ouvrira. Ou encore : lequel d'entre vous donnera une pierre à son fils quand il lui demande du pain ? ou bien lui donnera un serpent, quand il lui demande un poisson ? Si donc vous, qui êtes mauvais, vous savez donner de bonnes choses à vos enfants, combien plus votre Père qui est aux cieux donnera-t-il de bonnes choses à ceux qui les lui demandent !

« Donc, tout ce que vous voudriez que les autres fassent pour vous, faites-le pour eux, vous aussi : voilà ce que disent la Loi et les Prophètes. »

Prière sur les offrandes

Sois favorable, Seigneur, aux supplications de ceux qui t'implorent ; reçois les dons et les prières de ton peuple, et tourne vers toi le cœur de chacun d'entre nous. Par le Christ, notre Seigneur. — ***Amen.***

Préface du Carême, p. 240.

Antienne de la communion

Quiconque demande reçoit ;
qui cherche trouve ; à qui frappe,
on ouvrira. (Mt 7, 8)

Prière après la communion

Nous t'en prions, Seigneur notre Dieu, toi qui nous donnes ces mystères très saints pour soutenir notre relèvement : fais qu'ils nous soient un remède maintenant et pour la vie future. Par le Christ, notre Seigneur. ***– Amen.***

Prière sur le peuple

Le prêtre peut dire la prière suivante :

Nous t'en prions, Seigneur, fais venir sur ceux qui te supplient la miséricorde qu'ils espèrent ; que leur soit accordée en abondance la grâce de reconnaître ce qu'ils doivent demander et de voir leurs prières exaucées. Par le Christ, notre Seigneur. ***– Amen.***

INVITATION

Quelles demandes puis-je faire au Seigneur ? Je les exprime avec une grande confiance en Dieu, sans oublier d'ajouter : « Que ta volonté soit faite ! »

COMMENTAIRE

Le don essentiel

Matthieu 7, 7-12

Les parents donnent à leurs enfants ; notre Père des cieux donne lui aussi à chacun de nous. Et que donnent-ils précisément ? De « bonnes choses », se contente de dire Jésus. Indication bien vague qui nous rappelle que l'essentiel n'est pas dans la chose donnée mais dans le fait même de donner et de recevoir. Le don, l'échange gratuit sont créateurs de liens, de relations, de solidarités et de joie. Le don est l'autre nom de l'amour. ■

Bertrand Lesoing, *prêtre de la communauté Saint-Martin*

VENDREDI 14 MARS 2025

1re SEMAINE DE CARÊME COULEUR LITURGIQUE : VIOLET

Temps du Carême, *messe de la férie*

Antienne d'ouverture

Tire-moi de ma détresse, Seigneur.
Vois ma misère et ma peine, enlève tous mes péchés.
(cf. Ps 24, 17-18)

Prière

Accorde à tes fidèles, Seigneur, nous t'en prions, de s'appliquer comme il convient à la préparation de Pâques : que la pénitence imposée chaque année à notre corps porte en nous tous du fruit pour nos âmes. Par Jésus… ***— Amen.***

Lecture

du livre du prophète Ézékiel (18, 21-28)

« Prendrais-je donc plaisir à la mort du méchant, et non pas plutôt à ce qu'il se détourne de sa conduite et qu'il vive ? »

Ainsi parle le Seigneur Dieu : Si le méchant se détourne de tous les péchés qu'il a commis, s'il observe tous mes décrets, s'il pratique le droit et la justice, c'est certain, il vivra, il ne mourra pas. On ne se souviendra d'aucun des crimes qu'il a commis, il vivra à cause de la justice qu'il a pratiquée. Prendrais-je donc plaisir à la mort du méchant – oracle du Seigneur Dieu –, et non pas plutôt à ce qu'il se détourne de sa conduite

et qu'il vive ? Mais le juste, s'il se détourne de sa justice et fait le mal en imitant toutes les abominations du méchant, il le ferait et il vivrait ? Toute la justice qu'il avait pratiquée, on ne s'en souviendra plus : à cause de son infidélité et de son péché, il mourra !
Et pourtant vous dites : « La conduite du Seigneur n'est pas la bonne*. » Écoutez donc, fils d'Israël : est-ce ma conduite qui n'est pas la bonne ? N'est-ce pas plutôt la vôtre ? Si le juste se détourne de sa justice, commet le mal, et meurt dans cet état, c'est à cause de son mal qu'il mourra. Si le méchant se détourne de sa méchanceté pour pratiquer le droit et la justice, il sauvera sa vie. Il a ouvert les yeux et s'est détourné de ses crimes. C'est certain, il vivra, il ne mourra pas. – Parole du Seigneur.

Psaume 129 (130)

℟ ***Si tu retiens les fautes, Seigneur, Seigneur, qui subsistera ?***

Des profondeurs je crie vers toi, Seigneur,
Seigneur, écoute mon appel !
Que ton oreille se fasse attentive
au cri de ma prière ! ℟

Si tu retiens les fautes, Seigneur,
Seigneur, qui subsistera ?
Mais près de toi se trouve le pardon
pour que l'homme te craigne. ℟

J'espère le Seigneur de toute mon âme ;
je l'espère, et j'attends sa parole.
Mon âme attend le Seigneur
plus qu'un veilleur ne guette l'aurore. ℟

Oui, près du Seigneur, est l'amour ;
près de lui, abonde le rachat.
C'est lui qui rachètera Israël
de toutes ses fautes. ℟

Acclamation de l'Évangile

Ta parole, Seigneur, est vérité, et ta loi, délivrance. Rejetez tous les crimes que vous avez commis, faites-vous un cœur nouveau et un esprit nouveau. ***Ta parole, Seigneur, est vérité, et ta loi, délivrance.***

Évangile de Jésus Christ

selon saint Matthieu (5, 20-26)

« Va d'abord te réconcilier avec ton frère »

En ce temps-là, Jésus disait à ses disciples : « Je vous le dis : Si votre justice ne surpasse pas celle des scribes et des pharisiens, vous n'entrerez pas dans le royaume des Cieux. Vous avez appris qu'il a été dit aux anciens : *Tu ne commettras pas de meurtre*, et si quelqu'un commet un meurtre, il devra passer en jugement. Eh bien ! moi, je vous dis : Tout homme qui se met en colère contre son frère devra passer en jugement. Si quelqu'un insulte son frère, il devra passer devant le tribunal. Si quelqu'un le traite de fou, il sera passible de la géhenne de feu. Donc, lorsque tu vas présenter ton offrande à l'autel, si, là, tu te souviens que ton frère a quelque chose contre toi, laisse ton offrande, là, devant l'autel, va d'abord te réconcilier avec ton frère, et ensuite viens présenter ton offrande. Mets-toi vite d'accord avec ton adversaire pendant que tu es en chemin avec lui, pour éviter que ton adversaire ne te livre au juge, le juge au garde, et qu'on ne te jette en prison. Amen, je te le dis : tu n'en sortiras pas avant d'avoir payé jusqu'au dernier sou. »

Prière sur les offrandes

Accueille avec bonté, Seigneur, le sacrifice que nous te présentons : c'est par lui que tu as voulu nous réconcilier avec toi et nous rendre à la vie dans la puissance de ton amour. Par le Christ, notre Seigneur. ***– Amen.***

Préface du Carême, p. 240.

Antienne de la communion

Par ma vie – oracle du Seigneur Dieu – je ne prends pas plaisir à la mort du méchant, je désire plutôt qu'il se détourne de sa conduite et qu'il vive. (Ez 33, 11)

Prière après la communion

Que la nourriture sainte de ton sacrement nous renouvelle, Seigneur ; qu'elle nous purifie de nos anciennes manières de vivre pour nous faire participer au mystère du salut. Par le Christ, notre Seigneur. ***– Amen.***

Prière sur le peuple

Le prêtre peut dire la prière suivante :

Jette un regard de tendresse sur ton peuple, Seigneur : que se réalise intérieurement ce qu'il manifeste par une observance extérieure. Par le Christ, notre Seigneur. ***– Amen.***

INVITATION

En ce vendredi de Carême, mon jeûne pourrait exprimer ma solidarité avec toutes celles et ceux qui ne peuvent manger à leur faim.

COMMENTAIRE

Question de priorité Matthieu 5, 20-26

« Laisse ton offrande, là, devant l'autel, va d'abord te réconcilier avec ton frère. » Plus qu'une invitation, c'est presque un ordre que nous adresse aujourd'hui Jésus : priorité à la réconciliation fraternelle ! Mystère d'un Dieu qui accepte de s'effacer et de passer au second plan. Ce qui ne signifie nullement que nous l'oublions : au cœur du geste fraternel de pardon et de réconciliation, c'est bien son amour et sa miséricorde qui se manifestent. ■

Bertrand Lesoing, *prêtre de la communauté Saint-Martin*

✻ CLÉ DE LECTURE

« Pas la bonne » Ézékiel 18, 25 *(p. 103)*

Bien souvent lu dans la liturgie, ce texte d'Ézékiel est généralement considéré comme le refus d'une culpabilité collective qui pèserait sur les générations successives, et d'une faute dont les conséquences se transmettraient aux descendants de père en fils. Il manifeste aussi la miséricorde toujours renouvelée de Dieu qui attend sans se lasser un geste de repentir, si tardif soit-il. Mais il nous alerte aussi sur un autre aspect : la tendance tellement courante à chercher un coupable : « La conduite du Seigneur n'est pas bonne. » Ou encore, la faute en est au contexte social, aux inégalités, aux injustices, aux gouvernants… Rien de cela n'est faux. Mais pourquoi ne pas nous interroger d'abord sur nos devoirs et sur nos propres responsabilités ? ■

Roselyne Dupont-Roc, *bibliste*

SAMEDI 15 MARS 2025

1RE SEMAINE DE CARÊME COULEUR LITURGIQUE : VIOLET

Temps du Carême, *messe de la férie*

Antienne d'ouverture

La loi du Seigneur est parfaite,
elle convertit les âmes ;
la charte du Seigneur est sûre,
qui rend sages les simples. (cf. Ps 18, 8)

Prière

Tourne vers toi notre cœur, Père éternel, afin que, dans la recherche constante de l'unique nécessaire et en pratiquant la charité, nous te rendions hommage par toute notre vie. Par Jésus… — ***Amen.***

Lecture

du livre du Deutéronome (26, 16-19)

« Tu seras un peuple consacré au Seigneur ton Dieu »

Moïse disait au peuple d'Israël : « Aujourd'hui le Seigneur ton Dieu te commande de mettre en pratique ces décrets et ces ordonnances. Tu veilleras à les pratiquer de tout ton cœur et de toute ton âme. Aujourd'hui tu as obtenu du Seigneur cette déclaration : lui sera ton Dieu ; toi, tu suivras ses chemins, tu garderas ses décrets, ses commandements et ses ordonnances, tu écouteras sa voix. Aujourd'hui le Seigneur

9 - 15

a obtenu de toi cette déclaration : tu seras son peuple, son domaine particulier, comme il te l'a dit, tu devras garder tous ses commandements. Il te fera dépasser en prestige, renommée et gloire toutes les nations qu'il a faites, et tu seras un peuple consacré au Seigneur ton Dieu, comme il l'a dit. »

– Parole du Seigneur.

Psaume 118 (119)

℟ ***Heureux ceux qui marchent suivant la loi du Seigneur !***

Heureux les hommes intègres
dans leurs voies
qui marchent suivant la loi du Seigneur !
Heureux ceux qui gardent ses exigences,
ils le cherchent de tout cœur ! ℟

Toi, tu promulgues des préceptes
à observer entièrement.
Puissent mes voies s'affermir
à observer tes commandements ! ℟

D'un cœur droit, je pourrai te rendre grâce,
instruit de tes justes décisions.
Tes commandements, je les observe :
ne m'abandonne pas entièrement. ℟

Acclamation de l'Évangile

Gloire au Christ, Parole éternelle du Dieu vivant. Gloire à toi, Seigneur. Voici maintenant le moment favorable, voici maintenant le jour du salut. ***Gloire au Christ, Parole éternelle du Dieu vivant. Gloire à toi, Seigneur.***

Évangile de Jésus Christ

selon saint Matthieu (5, 43-48)

Soyez parfaits comme votre Père céleste est parfait

En ce temps-là, Jésus disait à ses disciples : « Vous avez appris qu'il a été dit : *Tu aimeras ton prochain* et tu haïras ton ennemi. Eh bien ! moi, je vous dis : Aimez vos ennemis, et priez pour ceux qui vous persécutent, afin d'être vraiment les fils de votre Père qui est aux cieux ; car il fait lever son soleil sur les méchants et sur les bons, il fait tomber la pluie sur les justes et sur les injustes. En effet, si vous aimez ceux qui vous aiment, quelle récompense méritez-vous ? Les publicains eux-mêmes n'en font-ils pas autant ? Et si vous ne saluez que vos frères, que faites-vous d'extraordinaire ? Les païens eux-mêmes n'en font-ils pas autant ? Vous donc, vous serez parfaits comme votre Père céleste est parfait. »

Prière sur les offrandes

Nous t'en prions, Seigneur, que les saints mystères qui nous renouvellent, nous disposent à recevoir comme il convient le don qu'ils nous apportent. Par le Christ, notre Seigneur. — ***Amen.***

Préface du Carême, p. 240.

Antienne de la communion

Soyez parfaits comme votre Père
céleste est parfait, dit le Seigneur.
(cf. Mt 5, 48)

Prière après la communion

Que ta bienveillance, Seigneur, accompagne toujours ceux dont tu refais les forces par le sacrement divin ; tu les as instruits de tes enseignements : que le réconfort de ton salut les soutienne. Par le Christ, notre Seigneur.
— *Amen.*

Prière sur le peuple

Le prêtre peut dire la prière suivante :
Seigneur Dieu, que tes fidèles trouvent une force nouvelle dans la bénédiction qu'ils attendent de toi : qu'elle les aide à ne jamais s'écarter de ta volonté et à toujours se réjouir de tes bienfaits. Par le Christ, notre Seigneur. **— *Amen.***

INVITATION

En ce samedi de Carême, je peux prier les mystères douloureux en regardant le chapelet de Lourdes, diffusé depuis le sanctuaire à 15 h 30.

COMMENTAIRE

Suivez le programme

Matthieu 5, 43-48

« Aimez vos ennemis, priez pour ceux qui vous persécutent. » Quand le sentiment d'impuissance nous submerge, quand nous avons l'impression que le mal emporte tout sur son passage, rappelons-nous le programme fixé par Jésus : aimez ! priez ! Et donc : faites confiance à la puissance transformante de l'amour et de la prière, toujours possibles, toujours accessibles, quelles que soient les épreuves ou difficultés. ■

Bertrand Lesoing, *prêtre de la communauté Saint-Martin*

DIMANCHE 16 MARS 2025

2E DIMANCHE DE CARÊME

ANNÉE C – COULEUR LITURGIQUE : VIOLET

« Celui-ci est mon Fils,
celui que j'ai choisi : écoutez-le ! »
Luc 9, 35

Levons les yeux ! Nous sommes des enfants du jour, des fils de la lumière, des citoyens du ciel. Dès aujourd'hui, avec le Christ, élargissons notre horizon. Car le Carême n'est pas définitif, il nous conduit à l'aube de Pâques. Et dès aujourd'hui, nous en voyons la lumière. En ce dimanche, que nos cœurs s'ouvrent à la Bonne Nouvelle.

RITES INITIAUX

Chant d'entrée *(Suggestions p. 260)*

OU

Antienne d'ouverture

En mon cœur je t'ai dit : « Je cherche ton visage,
c'est ta face, Seigneur, que je cherche :
ne me cache pas ta face. » (cf. Ps 26, 8-9)

OU

Rappelle-toi, Seigneur, ta tendresse, ton amour qui est de toujours.
Ne laisse pas triompher nos ennemis. Libère-nous,
Dieu d'Israël, de toutes nos angoisses. (cf. Ps 24, 6.2.22)

Suggestion de préparation pénitentielle *(ou p. 233)*

Frères et sœurs, le Seigneur vient illuminer nos cœurs pour en chasser la grisaille du péché. Avec foi, demandons-lui pardon pour notre péché.

Seigneur Jésus, transfiguré sur la montagne, toi qui ouvres nos cœurs à ta lumière, tu dissipes les ténèbres du doute, prends pitié de nous.

— Prends pitié de nous.

Ô Christ, Fils de Dieu fait chair, toi qui nous révèles ta parole, tu pardonnes nos infidélités, prends pitié de nous.

— Prends pitié de nous.

Seigneur, promesse de vie éternelle, toi qui guides tous les pèlerins d'espérance, tu corriges nos égarements loin de toi, prends pitié de nous.
— Prends pitié de nous.
Que Dieu tout-puissant nous fasse miséricorde ; qu'il nous pardonne nos péchés et nous conduise à la vie éternelle. ***— Amen.***

Pendant le Carême, on omet le Gloire à Dieu.

Prière

Seigneur Dieu, tu nous as dit d'écouter ton Fils bien-aimé ; fais-nous trouver dans ta parole la nourriture de notre vie spirituelle, afin que, d'un regard purifié, nous ayons la joie de contempler ta gloire. Par Jésus… ***— Amen.***

LITURGIE DE LA PAROLE

Lecture du livre de la Genèse (15, 5-12.17-18)

Le Seigneur conclut une alliance avec Abraham, le croyant

En ces jours-là, le Seigneur parlait à Abraham dans une vision. Il le fit sortir et lui dit : « Regarde le ciel, et compte les étoiles, si tu le peux… » Et il déclara : « Telle sera ta descendance ! » Abram eut foi dans le Seigneur et le Seigneur estima qu'il était juste.
Puis il dit : « Je suis le Seigneur, qui t'ai fait sortir d'Our en Chaldée

pour te donner ce pays en héritage. » Abram répondit : « Seigneur mon Dieu, comment vais-je savoir que je l'ai en héritage ? » Le Seigneur lui dit : « Prends-moi une génisse de trois ans, une chèvre de trois ans, un bélier de trois ans, une tourterelle et une jeune colombe. » Abram prit tous ces animaux, les partagea en deux, et plaça chaque moitié en face de l'autre ; mais il ne partagea pas les oiseaux. Comme les rapaces descendaient sur les cadavres, Abram les chassa.

Au coucher du soleil, un sommeil mystérieux tomba sur Abram, une sombre et profonde frayeur tomba sur lui. Après le coucher du soleil, il y eut des ténèbres épaisses. Alors un brasier fumant et une torche enflammée passèrent entre les morceaux d'animaux. Ce jour-là, le Seigneur conclut une alliance avec Abram en ces termes : « À ta descendance je donne le pays que voici, depuis le Torrent d'Égypte jusqu'au Grand Fleuve, l'Euphrate. »

– Parole du Seigneur.

Psaume 26 (27)

℟ *Le Seigneur est ma lumière et mon salut.*

T. : AELF ; M. : B. Delattre ; Éd. : ADF.

Le Seigneur est ma lumière et mon salut ;
de qui aurais-je crainte ?
Le Seigneur est le rempart de ma vie ;
devant qui tremblerais-je ? ℟

Écoute, Seigneur, je t'appelle !
Pitié ! Réponds-moi !
Mon cœur m'a redit ta parole :
« Cherchez ma face. » ℟

C'est ta face, Seigneur, que je cherche :
ne me cache pas ta face.
N'écarte pas ton serviteur avec colère :
tu restes mon secours. ℟

Écoutez ce psaume sur www.prionseneglise.fr/messe-du-dimanche

℟ ***Le Seigneur est ma lumière et mon salut.***

J'en suis sûr, je verrai les bontés du Seigneur
sur la terre des vivants.
« Espère le Seigneur, sois fort et prends courage ;
espère le Seigneur. » ℟

Lecture de la lettre de saint Paul apôtre aux Philippiens (3, 17 – 4, 1)

Lecture brève : 3, 20 – 4, 1

« Le Christ transformera nos pauvres corps à l'image de son corps glorieux »

Frères, ensemble imitez-moi, et regardez bien ceux qui se conduisent selon l'exemple que nous vous donnons. Car je vous l'ai souvent dit, et maintenant je le redis en pleurant : beaucoup de gens se conduisent en ennemis de la croix du Christ. Ils vont à leur perte. Leur dieu, c'est leur ventre, et ils mettent leur gloire dans ce qui fait leur honte ; ils ne pensent qu'aux choses de la terre.

Début de la lecture brève

Mais *(début de la lecture brève :* **Frères,***)* **nous, nous avons notre citoyenneté dans les cieux, d'où nous attendons comme sauveur le Seigneur Jésus Christ, lui qui transformera nos pauvres corps à l'image de son corps glorieux, avec la puissance active qui le rend même capable de tout mettre sous son pouvoir. Ainsi, mes frères bien-aimés pour qui j'ai tant d'affection, vous, ma joie et ma couronne, tenez bon dans le Seigneur, mes bien-aimés.** – Parole du Seigneur.

Acclamation de l'Évangile

Gloire au Christ, Parole éternelle du Dieu vivant. Gloire à toi, Seigneur. De la nuée lumineuse, la voix du Père a retenti : « Celui-ci est mon Fils bien-aimé, écoutez-le ! » ***Gloire au Christ, Parole éternelle du Dieu vivant. Gloire à toi, Seigneur.***

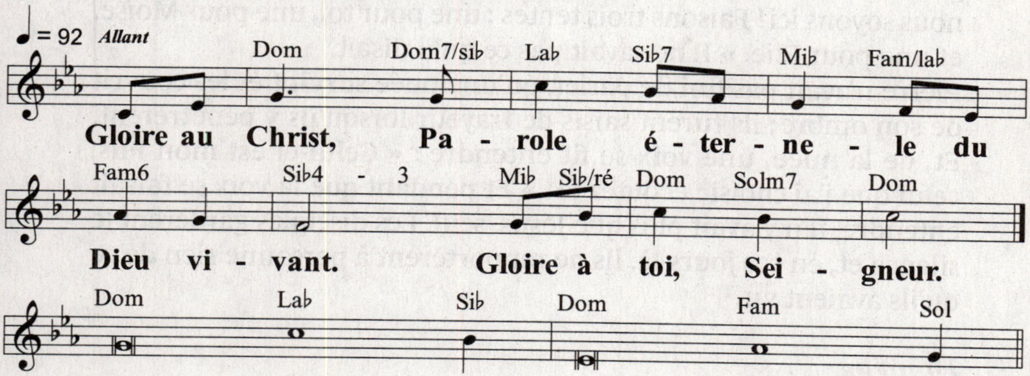

U77-01 ; T. : AELF ; M. : P. Robert ; ADF Musique.

Évangile de Jésus Christ selon saint Luc (9, 28b-36)

« Pendant qu'il priait, l'aspect de son visage devint autre »

En ce temps-là, Jésus prit avec lui Pierre, Jean et Jacques, et il gravit la montagne pour prier. Pendant qu'il priait, l'aspect de son visage devint autre, et son vêtement devint d'une blancheur éblouissante. Voici que deux hommes s'entretenaient avec lui :

c'étaient Moïse et Élie, apparus dans la gloire. Ils parlaient de son départ qui allait s'accomplir à Jérusalem. Pierre et ses compagnons étaient accablés de sommeil ; mais, restant éveillés, ils virent la gloire de Jésus, et les deux hommes à ses côtés. Ces derniers s'éloignaient de lui, quand Pierre dit à Jésus : « Maître, il est bon que nous soyons ici ! Faisons trois tentes : une pour toi, une pour Moïse, et une pour Élie. » Il ne savait pas ce qu'il disait.
Pierre n'avait pas fini de parler, qu'une nuée survint et les couvrit de son ombre ; ils furent saisis de frayeur lorsqu'ils y pénétrèrent. Et, de la nuée, une voix se fit entendre : « Celui-ci est mon Fils, celui que j'ai choisi : écoutez-le ! » Et pendant que la voix se faisait entendre, il n'y avait plus que Jésus, seul. Les disciples gardèrent le silence et, en ces jours-là, ils ne rapportèrent à personne rien de ce qu'ils avaient vu.

Homélie

Profession de foi *(p. 236)*

Suggestion de prière universelle

Le prêtre :

Avec les croyants qui nous ont précédés et sûrs de la parole du Seigneur, prions notre Père du ciel pour toute l'humanité.

℟ ***Par Jésus Christ ressuscité, exauce-nous, Seigneur.***

Par Jé-sus Christ res-sus-ci-té, e-xau-ce-nous, Sei-gneur.

Bayard Liturgie; M. : M. Wackenheim.

Le diacre ou un lecteur :

« Le Seigneur est ma lumière et mon salut. » L'Église a mission d'annoncer le salut à tous les hommes. Prions pour que l'Esprit Saint éclaire ses chemins. ℟

« Le Seigneur est le rempart de ma vie. » Les dirigeants politiques des pays riches ont pour responsabilité de construire des remparts contre la pauvreté. Prions pour qu'ils luttent ensemble pour plus de justice. ℟

« Écoute, Seigneur, je t'appelle. » Les personnes malades et isolées par un handicap auditif ou visuel crient vers le Seigneur. Prions pour qu'elles soient accompagnées et soutenues. ℟

« Je verrai les bontés du Seigneur sur la terre des vivants. » Les accompagnateurs des catéchumènes sont appelés pour leur montrer le chemin vers Pâques. Prions pour qu'ils témoignent avec joie de leur espérance. ℟

(Ces intentions seront adaptées ou modifiées selon les circonstances. On peut aussi s'inspirer de l'intention universelle du Saint-Père, p. 6.)

Le prêtre : Dieu d'amour, Père de tendresse, tu as donné ton Fils au monde pour le salut de tous les hommes. Daigne exaucer toutes nos prières, par le Christ, notre Seigneur. ***— Amen.***

LITURGIE EUCHARISTIQUE

Prière sur les offrandes

Que cette offrande, nous t'en prions, Seigneur, nous purifie de nos péchés : qu'elle sanctifie le corps et l'esprit de tes fidèles, pour les préparer à célébrer les fêtes pascales. Par le Christ, notre Seigneur. — ***Amen.***

Prière eucharistique *(Préface du 2e dimanche de Carême)*

Vraiment, il est juste et bon, pour ta gloire et notre salut, de t'offrir notre action de grâce, toujours et en tout lieu, Seigneur, Père très saint, Dieu éternel et tout-puissant, par le Christ, notre Seigneur. Après avoir prédit sa mort à ses disciples, il leur a manifesté sa splendeur sur la montagne sainte en présence de Moïse et d'Élie. Ainsi la Loi et les Prophètes témoignaient qu'il parviendrait par la passion jusqu'à la gloire de la résurrection. C'est pourquoi, avec les puissances des cieux, nous pouvons te bénir sur la terre et t'adorer sans fin en proclamant : ***Saint ! Saint ! Saint…***

Chant de communion *(Suggestions p. 260)*

OU

Antienne de la communion

Celui-ci est mon Fils bien-aimé,
en qui je trouve ma joie : écoutez-le ! (Mt 17, 5)

Prière après la communion

Après avoir communié, Seigneur, aux mystères de ta gloire, nous tenons à te rendre grâce, car tu nous donnes déjà sur cette terre d'avoir part aux biens du ciel. Par le Christ, notre Seigneur. **— *Amen.***

Prière sur le peuple

Le prêtre peut dire la prière suivante :

Seigneur, ne cesse pas de répandre ta bénédiction sur tes fidèles et donne-leur de s'attacher à l'Évangile de ton Fils unique ; alors, ils auront la force de tendre sans relâche vers la gloire dont il manifesta le rayonnement à ses Apôtres, et d'y parvenir eux-mêmes pour leur bonheur. Par le Christ, notre Seigneur. **— *Amen.***

RITE DE CONCLUSION

Bénédiction

Envoi

COMMENTAIRE DU DIMANCHE

Luc Forestier, prêtre à La Madeleine (diocèse de Lille)

Corps de Carême

Nos corps sont touchés par les éléments du Carême – prière, pénitence, partage. Il est aussi question des corps aujourd'hui : le corps glorieux du Christ, les personnes centrées sur leur nombril et les animaux comme signes de l'Alliance. L'épisode de la Transfiguration anticipe la joie pascale et témoigne d'une tension interne à la foi, entre la fulgurante rencontre du Ressuscité sur la montagne et la marche dans la plaine de nos quotidiens. Avec les disciples, nous écoutons la voix qui désigne le Christ, et nous goûtons cette Transfiguration qui nous emporte. Mais nous sommes aussi dans la plaine, prêts à témoigner comme les disciples qui, silencieux au début, ont fini par raconter ce qu'ils avaient vécu puisque saint Luc en parle. Cette même tension, entre le temps du Royaume qui vient jusqu'à nous

et les conditions habituelles de la vie, explique l'exigeante affection de Paul. Il témoigne ainsi de la manière d'anticiper la vie nouvelle, à laquelle nos pauvres corps sont promis, en aimant avec passion et délicatesse.
Enfin, le sommeil d'Abram est d'abord le moment de l'action de Dieu, qui consume les offrandes. En montrant que seuls les mammifères sont ouverts en deux, le récit indique l'attitude possible des humains que nous sommes, quand nous acceptons qu'un feu brûlant d'amour traverse nos vies. En ouvrant deux mains pour accueillir le corps du Christ, nous recevons des forces neuves pour la semaine qui commence, afin de vivre la Transfiguration pour le service de l'humanité.

~

Quels moments vais-je consacrer à la Parole ?

Vers qui puis-je tendre les mains cette semaine ? ■

Prions en Église Junior

LIRE L'ÉVANGILE AVEC LES ENFANTS

CE QUE JE DÉCOUVRE

Souvent, Jésus se met à l'écart pour prier. Il va parfois dans la montagne, seul. Cette fois, il prend avec lui Pierre, Jacques et Jean. Tous les trois vont être témoins d'un moment extraordinaire. **Alors que Jésus prie, il devient tout rayonnant.** Il est rempli de la gloire de Dieu. Dieu le Père l'enveloppe entièrement de son amour et prononce une parole qui dit toute la confiance qu'il met en lui : **« Celui-ci est mon Fils, celui que j'ai choisi : écoutez-le ! »** Parfois, nous aussi sommes encouragés avec des mots comme ceux-là : « Tu vas y arriver », « N'aie pas peur, ça va aller ! ».

CE QUE JE VIS

Et toi, avec qui aimes-tu passer du temps ? Que faites-vous ensemble ? Comme Pierre, Jacques et Jean, quels secrets gardes-tu dans ton cœur ? **Dans le silence, pour commencer ta prière, dis à Jésus : « Il est bon que je sois ici. »**

Texte : Marie-Pierre Cockenpot. Illustrations : Marcelino Truong

MÉDITATION BIBLIQUE
2E DIMANCHE DE CARÊME
Évangile selon saint Luc 9, 28b-36

Écoute

Le récit de la Transfiguration nous invite à nous laisser saisir par le Christ pour entrer peu à peu au cœur de son mystère, de sa prière, de sa relation au Père. En ce temps intermédiaire qui n'est pas encore celui de la claire vision, cette démarche passe par l'écoute.

Le temps de la préparation

« Je poursuis ma course
pour tâcher de saisir,
puisque *j'ai* moi-même été saisi
par le Christ. » (Ph 3, 12)

Le temps de l'observation

Nul ne peut pénétrer dans le mystère de Jésus, vrai Dieu et vrai homme, ou découvrir la gloire enfouie dans son humanité, s'il ne se laisse conduire par lui. Il y a certes un effort bien humain à fournir – symbolisé par la montagne à gravir –, mais cet effort est une réponse à l'initiative de Dieu. La vision octroyée aux trois disciples, laquelle est de l'ordre du dévoilement, constitue les prémices du face-à-face auquel ils sont promis : quand « Dieu sera tout en tous » (1 Co 15, 28). Elle leur permettra d'assumer, au moins …

... partiellement, le scandale de la Croix et la morsure de l'absence. Après la Résurrection, sur la route d'Emmaüs, Jésus devra encore intervenir pour que les disciples interprètent les événements et leur propre vécu avec justesse (Lc 24, 13-32). « Écoutez-le » : pour vivre avec lui et de lui ; pour comprendre que les annonces de l'Ancien Testament se sont accomplies en lui ; enfin, pour transmettre la Bonne Nouvelle du salut.

Le temps de la méditation

Peut-être avons-nous vécu des temps forts qui s'apparentent à l'expérience des disciples sur la montagne ? Un dévoilement qui a transformé notre vie, mais dont le caractère ponctuel a pu nous dérouter au regard des difficultés à prier, des remises en question, des bouleversements et des ratés qui demeurent dans notre existence ? Mais n'est-ce pas là l'occasion de nous rappeler que nous sommes dans le temps de l'écoute, des promesses, des lentes maturations, du travail mystérieux de la Parole en nous ? Dans une société saturée d'images, nous avons des choix à opérer : choisir le désencombrement, le silence pour que la Parole puisse résonner et trouver un espace. De même, il nous faut apprendre à garder cette Parole dans une apparente inefficacité, loin du diktat des résultats immédiats. Oui, aujourd'hui encore, le Christ veut nous prendre « avec lui » dans le clair-obscur de la foi, pour nous faire participer à la vie trinitaire.

Le temps de la prière

« C'est ta face, Seigneur,
que je cherche. » (Ps 26, 9) ■

Emmanuelle Billoteau, ermite

PARTAGE BIBLIQUE

Environ 45 minutes

Une bible ou Prions en Église, page 113

« LE SEIGNEUR CONCLUT UNE ALLIANCE AVEC ABRAM » (GN 15, 5-12.17-18)

Lire

En ce temps de Carême, partons à la découverte de l'alliance promulguée par Dieu à Abram.

Comprendre le texte

Ce dialogue d'Abram avec le Seigneur aborde trois sujets successifs : une promesse de descendance, celle d'un pays, et la conclusion d'une alliance. Le texte semble faire écho aux interrogations des exilés qui constatent que ceux qui occupent leur patrie sont actuellement des étrangers : « C'est un de mes serviteurs qui sera mon héritier. » Mais le Seigneur promet à Abram une descendance issue de son sang, comparable aux étoiles du ciel. Abram prépare le rituel de l'alliance en disposant face à face les deux moitiés des animaux. En passant entre les morceaux, ceux qui concluent l'alliance appellent sur eux le sort de ces animaux en cas de rupture de leur •••

PARTAGE BIBLIQUE (SUITE) « LE SEIGNEUR CONCLUT UNE ALLIANCE AVEC ABRAM »

... engagement. Abram ne partage pas les oiseaux. Dieu est seul à passer entre les morceaux, car, sous le signe du feu, il s'engage dans une alliance unilatérale. C'est une cérémonie sans parole où Abram est passif. Le pays promis s'étend du torrent d'Égypte (le wadi El Arish au sud de Gaza) à l'Euphrate, limites jamais atteintes par Israël; mais elles correspondent à celle de la satrapie perse de la Transeuphratène qui intéresse les exilés rentrés en Palestine. Ils y sont une province de l'empire perse, nommée « Judée ».

Partager

- Qu'est-ce que j'attends d'un Dieu protecteur ?
- Le Dieu qui réalise des choses impossibles répond-il à mes attentes ?
- Quelles promesses de Dieu ai-je vues se réaliser dans ma vie ?
- Ma foi est-elle traversée par des sentiments de superstition ?

Prier

En ce temps de Carême, manifestons notre foi en Dieu et prenons le cantique : *En toi, Seigneur, mon espérance* (GP45-35). ■

Sylvain Gasser, prêtre assomptionniste

LUNDI 17 MARS 2025

2E SEMAINE DE CARÊME COULEUR LITURGIQUE : VIOLET

Temps du Carême, *messe de la férie*
(Saint Patrice)

Antienne d'ouverture

Libère-moi, Seigneur, prends pitié de moi !
Sous mes pieds le terrain est sûr ;
dans l'assemblée je bénirai le Seigneur. (cf. Ps 25, 11-12)

Prière

Seigneur Dieu, pour guérir nos âmes, tu nous prescris de discipliner nos corps ; fais que nous puissions nous garder de tout péché et accomplir ainsi de tout cœur les préceptes de ton amour. Par Jésus… — ***Amen.***

Lecture

du livre du prophète Daniel (9, 4-10)

« Nous avons péché, nous avons commis l'iniquité »

Je fis au Seigneur mon Dieu cette prière et cette confession : « Ah ! toi Seigneur, le Dieu grand et redoutable, qui garde alliance et fidélité à ceux qui l'aiment et qui observent ses commandements, nous avons péché, nous avons commis l'iniquité, nous avons fait le mal, nous avons été rebelles, nous nous sommes détournés de tes commandements et de tes ordonnances. Nous n'avons pas écouté tes serviteurs les prophètes, qui ont parlé en ton nom à nos rois, à nos princes, à nos pères, à tout le peuple

16 - 22

du pays. À toi, Seigneur, la justice ; à nous la honte au visage, comme on le voit aujourd'hui pour les gens de Juda, pour les habitants de Jérusalem et de tout Israël, pour ceux qui sont près et pour ceux qui sont loin, dans tous les pays où tu les as chassés, à cause des infidélités qu'ils ont commises envers toi. Seigneur, à nous la honte au visage, à nos rois, à nos princes, à nos pères, parce que nous avons péché contre toi. Au Seigneur notre Dieu, la miséricorde et le pardon, car nous nous sommes révoltés contre lui, nous n'avons pas écouté la voix du Seigneur, notre Dieu, car nous n'avons pas suivi les lois qu'il nous proposait par ses serviteurs les prophètes. »

– Parole du Seigneur.

Psaume 78 (79)

℟ ***Seigneur, ne nous traite pas selon nos péchés.***

Combien de temps, Seigneur, durer<u>a</u> ta colère ?
Ne retiens pas contre nous
les péch<u>é</u>s de nos ancêtres :
que nous vienne bient<u>ô</u>t ta tendresse,
car nous sommes à bo<u>u</u>t de force ! ℟

Aide-nous, Die<u>u</u> notre Sauveur,
pour la gl<u>o</u>ire de ton nom !
Délivre-nous, eff<u>a</u>ce nos fautes,
pour la ca<u>u</u>se de ton nom ! ℟

Que monte en ta présence
la pl<u>a</u>inte du captif !
Ton bras est fort : épargne ceux
qui d<u>o</u>ivent mourir.

Et nous, ton peuple,
le troupea<u>u</u> que tu conduis,
sans fin nous pourr<u>o</u>ns te rendre grâce. ℟

Acclamation de l'Évangile

Gloire à toi, Seigneur, Fils du Dieu vivant ! Tes paroles, Seigneur, sont esprit et elles sont vie. Tu as les paroles de la vie éternelle. ***Gloire à toi, Seigneur, Fils du Dieu vivant !***

Évangile de Jésus Christ

selon saint Luc (6, 36-38)

« Pardonnez, et vous serez pardonnés »

En ce temps-là, Jésus disait à ses disciples : « Soyez miséricordieux comme votre Père est miséricordieux. Ne jugez pas, et vous ne serez pas jugés ; ne condamnez pas, et vous ne serez pas condamnés. Pardonnez, et vous serez pardonnés. Donnez, et l'on vous donnera : c'est une mesure bien pleine, tassée, secouée, débordante, qui sera versée dans le pan de votre vêtement ; car la mesure dont vous vous servez pour les autres servira de mesure aussi pour vous. »

Prière sur les offrandes

Accueille avec bienveillance nos prières, Seigneur, et rends libres devant les séductions du monde ceux que tu appelles à te servir en ces mystères divins. Par le Christ, notre Seigneur. ***— Amen.***

Préface du Carême, p. 240.

Antienne de la communion

Soyez miséricordieux comme
votre Père est miséricordieux,
dit le Seigneur. (Lc 6, 36)

Prière après la communion

Que cette communion, Seigneur, nous purifie du péché et nous donne part aux joies du ciel. Par le Christ, notre Seigneur. — ***Amen.***

Prière sur le peuple

Le prêtre peut dire la prière suivante :

Affermis, Seigneur, le cœur de tes fidèles, rends-les forts par la puissance de ta grâce, afin qu'ils soient plus ardents à la prière et sincères dans l'amour mutuel. Par le Christ, notre Seigneur. — ***Amen.***

INVITATION

Aujourd'hui, je pense à une personne à qui j'ai du mal à pardonner.
Quel pas vais-je faire pour m'orienter un peu plus vers Dieu ?

COMMENTAIRE

Esprit, au secours ! Luc 6, 36-38

Jésus nous invite à élargir notre espace intérieur par le non-jugement, le pardon, la générosité à l'égard d'autrui et de nous-mêmes. Toutes choses à mettre en pratique dans notre vie. À travers les difficultés et les victoires rencontrées, peut-être apprendrons-nous à mieux nous connaître et à mieux connaître ce Dieu miséricordieux que le Christ nous révèle dans le droit fil de l'Ancien Testament ? Quoi qu'il en soit, ne nous étonnons pas d'avoir à demander le secours de l'Esprit ! ■

Emmanuelle Billoteau, *ermite*

MARDI 18 MARS 2025

2E SEMAINE DE CARÊME COULEUR LITURGIQUE : VIOLET

Temps du Carême, *messe de la férie*
(Saint Cyrille de Jérusalem)

Antienne d'ouverture

Donne la lumière à mes yeux,
garde-moi du sommeil de la mort,
que l'adversaire ne crie pas :
« Victoire ! » (Ps 12, 4-5)

Prière

Avec une inlassable bonté, Seigneur, veille sur ton Église ; comme, sans toi, l'homme mortel succombe, puisse ton aide constante nous arracher au mal et nous diriger vers le salut. Par Jésus… — ***Amen.***

16 - 22

Lecture

du livre du prophète Isaïe (1, 10.16-20)

« Apprenez à faire le bien : recherchez le droit »

Écoutez la parole du Seigneur, vous qui êtes pareils aux chefs de Sodome ! Prêtez l'oreille à l'enseignement de notre Dieu, vous, peuple de Gomorrhe ! Lavez-vous, purifiez-vous, ôtez de ma vue vos actions mauvaises, cessez de faire le mal. Apprenez à faire le bien : recherchez le droit, mettez au pas l'oppresseur, rendez justice à l'orphelin, défendez la cause de la veuve. Venez, et discutons – dit le Seigneur. Si vos péchés sont comme

l'écarlate, ils deviendront aussi blancs que neige. S'ils sont rouges comme le vermillon, ils deviendront comme de la laine. Si vous consentez à m'obéir, les bonnes choses du pays, vous les mangerez ; mais si vous refusez, si vous vous obstinez, c'est l'épée qui vous mangera.– Oui, la bouche du Seigneur a parlé.
– Parole du Seigneur.

Psaume 49 (50)

℟ ***À celui qui veille sur sa conduite, je ferai voir le salut de Dieu.***

« Écoute, mon pe**u**ple, je parle ;
Israël, je te pr**e**nds à témoin.
Je ne t'accuse p**a**s pour tes sacrifices ;
tes holocaustes sont toujo**u**rs devant moi. ℟

« Vais-je manger la ch**a**ir des taureaux
et boire le s**a**ng des béliers ?
Offre à Dieu le sacrif**i**ce d'action de grâce,
accomplis tes vœux env**e**rs le Très-Haut. ℟

« Qu'as-tu à récit**e**r mes lois,
à garder mon alli**a**nce à la bouche,
toi qui n'aimes p**a**s les reproches
et rejettes loin de t**o**i mes paroles ? ℟

« Voilà ce que tu fais ; garder**a**i-je le silence ?
Penses-tu que je su**i**s comme toi ?
Qui offre le sacrif**i**ce d'action de grâce,
celui-l**à** me rend gloire. » ℟

Acclamation de l'Évangile

Ta parole, Seigneur, est vérité, et ta loi, délivrance. Rejetez tous les crimes que vous avez commis, faites-vous un cœur nouveau et un esprit nouveau. ***Ta parole, Seigneur, est vérité, et ta loi, délivrance.***

Évangile de Jésus Christ

selon saint Matthieu (23, 1-12)

« Ils disent et ne font pas »

En ce temps-là, Jésus s'adressa aux foules et à ses disciples, et il déclara : « Les scribes et les pharisiens enseignent dans la chaire de Moïse. Donc, tout ce qu'ils peuvent vous dire, faites-le et observez-le*. Mais n'agissez pas d'après leurs actes, car ils disent et ne font pas. Ils attachent de pesants fardeaux, difficiles à porter, et ils en chargent les épaules des gens ; mais eux-mêmes ne veulent pas les remuer du doigt. Toutes leurs actions, ils les font pour être remarqués des gens : ils élargissent leurs phylactères et rallongent leurs franges ; ils aiment les places d'honneur dans les dîners, les sièges d'honneur dans les synagogues et les salutations sur les places publiques ; ils aiment recevoir des gens le titre de Rabbi. Pour vous, ne vous faites pas donner le titre de Rabbi, car vous n'avez qu'un seul maître pour vous enseigner, et vous êtes tous frères. Ne donnez à personne sur terre le nom de père, car vous n'avez qu'un seul Père, celui qui est aux cieux. Ne vous faites pas non plus donner le titre de maîtres, car vous n'avez qu'un seul maître, le Christ. Le plus grand parmi vous sera votre serviteur. Qui s'élèvera sera abaissé, qui s'abaissera sera élevé. »

Prière sur les offrandes

Par ces mystères, Seigneur, Dieu de paix, accomplis en nous ton œuvre de sanctification ; qu'elle nous purifie des égarements de ce monde et nous conduise aux biens du ciel. Par le Christ, notre Seigneur. **– *Amen.***

Préface du Carême, p. 240.

Antienne de la communion

Je dirai tes innombrables merveilles ;
pour toi, j'exulterai, je danserai,
je fêterai ton nom, Dieu Très-Haut.
(Ps 9, 2-3)

Prière après la communion

Nous t'en prions, Seigneur, que ce repas, pris à la table sainte, nous aide à vivre plus saintement, et nous procure ton inépuisable pardon. Par le Christ, notre Seigneur. **– *Amen.***

Prière sur le peuple

Le prêtre peut dire la prière suivante :

Sois favorable, Seigneur, aux supplications de tes fidèles, et guéris-les de toute lassitude : après avoir reçu la grâce du pardon, qu'ils éprouvent sans fin la joie de ta bénédiction. Par le Christ, notre Seigneur. **– *Amen.***

INVITATION

Une des lectures spirituelles de mon Carême pourrait être la dernière encyclique du pape François *Dilexit nos* sur le Sacré-Cœur de Jésus.

COMMENTAIRE

Libérés !

Matthieu 23, 1-12

Jésus nous invite à nous interroger sur notre rapport au regard d'autrui, sous l'angle d'une quête de reconnaissance, d'approbation, d'« honneurs ». Un point de conversion sur lequel s'arrêter, car cette attitude manifeste un manque à être et nous éloigne de la liberté que le Christ veut nous donner : « C'est pour que nous soyons libres » qu'il « nous a libérés » (Ga 5, 1). Prenons le temps de le contempler, lui qui a vécu sous le regard du Père sans chercher la gloire qui vient des hommes (cf. Jn 5, 41). ■

***Emmanuelle Billoteau**, ermite*

❊ CLÉ DE LECTURE

« Faites-le et observez-le »

Matthieu 23, 3 *(p. 135)*

Dans l'Église de Matthieu, de nombreux croyants viennent du judaïsme ; ils gardent en mémoire la fidélité de Jésus à la loi de Moïse. Car la critique ici ne porte pas sur l'observation de la Loi, mais sur la distorsion entre les paroles et les actes. C'est à ce titre que Jésus, selon la grande tradition prophétique d'Israël, dénonce les scribes et les pharisiens. Et la leçon déborde largement ce cadre étroit pour frapper les prédicateurs et enseignants religieux en tout genre. Aucune exigence ne peut être posée, aucune loi morale et religieuse ne peut être énoncée si elle n'est accompagnée d'un témoignage de vie. Faut-il alors définitivement nous taire ? Certes pas, mais notre parole doit toujours être vérifiée par un retour exigeant sur nous-mêmes ! ■

***Roselyne Dupont-Roc**, bibliste*

MERCREDI 19 MARS 2025

COULEUR LITURGIQUE : BLANC

Saint Joseph

Antienne d'ouverture

Voici le serviteur fidèle et avisé
que le Seigneur a placé à la tête de sa famille. (cf. Lc 12, 42)

Gloire à Dieu *(p. 235)*

Prière

Dieu tout-puissant, à l'aube des temps nouveaux tu as confié au bienheureux Joseph la garde des mystères du salut ; accorde maintenant à ton Église, soutenue par sa prière, de veiller toujours sur leur achèvement. Par Jésus… — ***Amen.***

Lectures propres à la solennité de saint Joseph.

Lecture

du deuxième livre de Samuel (7, 4-5a.12-14a.16)

« Le Seigneur Dieu lui donnera le trône de David son père »

Cette nuit-là, la parole du Seigneur fut adressée au prophète Nathan : « Va dire à mon serviteur David : Ainsi parle le Seigneur : Quand tes jours seront accomplis et que tu reposeras auprès de tes pères, je te susciterai dans ta descendance un successeur, qui naîtra de toi, et je rendrai stable sa royauté. C'est lui qui bâtira une

maison pour mon nom, et je rendrai stable pour toujours son trône royal. Moi, je serai pour lui un père ; et lui sera pour moi un fils. Ta maison et ta royauté subsisteront toujours devant moi, ton trône sera stable pour toujours. »

– Parole du Seigneur.

Psaume 88 (89)

℟ ***Sa dynastie, sans fin subsistera.***

L'amour du Seigneur, sans fin je le chante ;
ta fidélité, je l'annonce d'âge en âge.
Je le dis : C'est un amour bâti pour toujours ;
ta fidélité est plus stable que les cieux. ℟

« Avec mon élu, j'ai fait une alliance,
j'ai juré à David, mon serviteur :
J'établirai ta dynastie pour toujours,
je te bâtis un trône pour la suite des âges. ℟

« Il me dira : Tu es mon Père,
mon Dieu, mon roc et mon salut !
Sans fin je lui garderai mon amour,
mon alliance avec lui sera fidèle. » ℟

Lecture

de la lettre de saint Paul apôtre aux Romains (4, 13.16-18.22)

« Espérant contre toute espérance, il a cru »

Frères, ce n'est pas en vertu de la Loi que la promesse de recevoir le monde en héritage a été faite à Abraham et à sa descendance, mais en vertu de la justice obtenue par la foi. Voilà pourquoi on devient

héritier par la foi : c'est une grâce, et la promesse demeure ferme pour tous les descendants d'Abraham, non pour ceux qui se rattachent à la Loi seulement, mais pour ceux qui se rattachent aussi à la foi d'Abraham*, lui qui est notre père à tous. C'est bien ce qui est écrit : *J'ai fait de toi le père d'un grand nombre de nations.* Il est notre père devant Dieu en qui il a cru, Dieu qui donne la vie aux morts et qui appelle à l'existence ce qui n'existe pas. Espérant contre toute espérance, il a cru ; ainsi est-il devenu le père d'un grand nombre de nations, selon cette parole : *Telle sera la descendance que tu auras !* Et voilà pourquoi il lui fut accordé d'être juste.
– Parole du Seigneur.

Acclamation de l'Évangile

Gloire et louange à toi, Seigneur Jésus. Heureux les habitants de ta maison, Seigneur : ils pourront te chanter encore ! ***Gloire et louange à toi, Seigneur Jésus.***

Évangile de Jésus Christ

selon saint Matthieu (1, 16.18-21.24a)

« Joseph fit ce que l'ange du Seigneur lui avait prescrit »

Jacob engendra Joseph, l'époux de Marie, de laquelle fut engendré Jésus, que l'on appelle Christ.
Or, voici comment fut engendré Jésus Christ : Marie, sa mère, avait été accordée en mariage à Joseph ; avant qu'ils aient habité ensemble, elle fut enceinte par l'action de l'Esprit Saint. Joseph, son époux, qui était un homme juste, et ne voulait pas la dénoncer publiquement, décida de la renvoyer en secret. Comme il avait

formé ce projet, voici que l'ange du Seigneur lui apparut en songe et lui dit : « Joseph, fils de David, ne crains pas de prendre chez toi Marie, ton épouse, puisque l'enfant qui est engendré en elle vient de l'Esprit Saint ; elle enfantera un fils, et tu lui donneras le nom de Jésus (c'est-à-dire : Le-Seigneur-sauve), car c'est lui qui sauvera son peuple de ses péchés. » Quand Joseph se réveilla, il fit ce que l'ange du Seigneur lui avait prescrit.

On peut aussi lire l'évangile selon saint Luc 2, 41-51a.

Profession de foi (p. 236)

Prière sur les offrandes

Nous t'en prions, Seigneur, fais que nous puissions nous présenter au service de ton autel avec un cœur sans partage, à l'exemple du bienheureux Joseph qui s'est consacré tout entier à servir ton Fils unique, né de la Vierge Marie. Lui qui… — ***Amen.***

Prière eucharistique (Préface de saint Joseph)

Vraiment, il est juste et bon, pour ta gloire et notre salut, de t'offrir notre action de grâce, toujours et en tout lieu, Seigneur, Père très saint, Dieu éternel et tout-puissant. En fêtant saint Joseph, c'est à toi que nous devons rendre hommage, toi que nous exaltons et que nous bénissons. Car il fut l'homme juste que tu donnas comme époux à la Vierge Marie, la Mère de Dieu ; il fut le serviteur fidèle et prudent à qui tu confias la sainte

Famille ; il veilla comme un père sur ton Fils unique conçu par la puissance du Saint-Esprit, Jésus Christ, notre Seigneur. Par lui, les anges célèbrent ta grandeur, et les esprits bienheureux adorent ta gloire ; par lui s'inclinent devant toi les puissances d'en haut, et tressaillent d'une même allégresse les innombrables créatures des cieux. À leur hymne de louange, laisse-nous joindre nos voix pour chanter et proclamer :

Saint ! Saint ! Saint…

Antienne de la communion

Serviteur bon et fidèle,
entre dans la joie de ton Seigneur.
(Mt 25, 21)

Prière après la communion

Par cette nourriture reçue à ton autel, Seigneur, tu as rassasié ta famille, heureuse de fêter le bienheureux Joseph ; garde-la sous ta constante protection et, dans ta bonté, veille sur les dons que tu lui as faits. Par le Christ, notre Seigneur. — ***Amen.***

INVITATION

Dans ma prière, je peux confier à saint Joseph tous les célibataires qui désirent rencontrer l'âme sœur.

COMMENTAIRE

Le temps des promesses 2 Samuel 7, 4-5a.12-14a.16 ; Romains 4, 13.16-18.22

Les lectures nous proposent de méditer sur l'accomplissement des promesses faites à Israël. Celles-ci se sont réalisées en Jésus Christ au temps voulu par Dieu. Un temps que nous avons parfois du mal à épouser tant il nous tarde de les voir porter pleinement leurs fruits. Alors regardons Abraham, que Paul évoque ainsi : « Espérant contre toute espérance, il a cru. » Une espérance qui se nourrit du mémorial des hauts faits de Dieu et d'une relation fervente avec lui, dans la prière. ■

***Emmanuelle Billoteau**, ermite*

❊ CLÉ DE LECTURE

« La foi d'Abraham » Romains 4, 16 *(p. 140)*

Paul s'appuie sur le texte difficile de la Genèse : « Abram a cru et il fut reconnu juste » (cf. Gn 15, 6). Il peut ainsi voir en Abraham celui envers qui Dieu s'engage par une promesse inconditionnelle qui n'exige aucun préalable mais demande une réponse de « foi ». Le français peine à traduire le mot grec *« pistis »,* car il dit d'abord le crédit, voire le garant, et simultanément la confiance et la fidélité. Accueillir dans la confiance le crédit que Dieu lui fait, la promesse dont Dieu seul est garant, telle est la foi qui fait d'Abraham un juste. Quoi qu'il en soit de ses erreurs passées et futures, il s'est de façon décisive ajusté à la promesse de Dieu qui lui ouvre un chemin de vie. Ce choix de la vie malgré la mort et au-delà d'elle est celui des croyants. ■

***Roselyne Dupont-Roc**, bibliste*

JEUDI 20 MARS 2025

2E SEMAINE DE CARÊME COULEUR LITURGIQUE : VIOLET

Temps du Carême, *messe de la férie*

Antienne d'ouverture

Scrute-moi, mon Dieu, et tu connaîtras mon cœur. Vois si je prends le chemin du mal, et conduis-moi sur le chemin d'éternité. (cf. Ps 138, 23-24)

Prière

Seigneur Dieu, toi qui aimes l'innocence et la fais recouvrer, oriente vers toi le cœur de ceux qui te servent ; ainsi, animés par la ferveur de ton Esprit, ils seront fermes dans la foi et vraiment efficaces dans l'action. Par Jésus… ***— Amen.***

Lecture

du livre du prophète Jérémie (17, 5-10)

« Maudit soit l'homme qui met sa foi dans un mortel.
Béni soit l'homme qui met sa foi dans le Seigneur »

Ainsi parle le Seigneur : Maudit soit l'homme qui met sa foi dans un mortel, qui s'appuie sur un être de chair, tandis que son cœur se détourne du Seigneur. Il sera comme un buisson sur une terre désolée, il ne verra pas venir le bonheur. Il aura pour demeure les lieux arides du désert, une terre salée, inhabitable. Béni soit l'homme qui met sa foi dans le Seigneur, dont le Seigneur est la confiance. Il sera comme un arbre, planté près des eaux, qui pousse, vers le courant, ses racines. Il

ne craint pas quand vient la chaleur : son feuillage reste vert. L'année de la sécheresse, il est sans inquiétude : il ne manque pas de porter du fruit. Rien n'est plus faux que le cœur de l'homme, il est incurable. Qui peut le connaître ? Moi, le Seigneur, qui pénètre les cœurs et qui scrute les reins, afin de rendre à chacun selon sa conduite, selon le fruit de ses actes.

– Parole du Seigneur.

Psaume 1

℟ ***Heureux est l'homme qui met sa foi dans le Seigneur.***

Heureux est l'homme qui n'entre pas
au conseil des méchants,
qui ne suit pas le chemin des pécheurs,
ne siège pas avec ceux qui ricanent,
mais se plaît dans la loi du Seigneur
et murmure sa loi jour et nuit ! ℟

Il est comme un arbre
planté près d'un ruisseau,
qui donne du fruit en son temps,
et jamais son feuillage ne meurt ;
tout ce qu'il entreprend réussira.
Tel n'est pas le sort des méchants. ℟

Mais ils sont comme la paille
balayée par le vent.
Le Seigneur connaît le chemin des justes,
mais le chemin des méchants se perdra. ℟

Acclamation de l'Évangile

Ta parole, Seigneur, est vérité, et ta loi, délivrance. Heureux ceux qui ont entendu la Parole dans un cœur bon et généreux, qui la retiennent et portent du fruit par leur persévérance. ***Ta parole, Seigneur, est vérité, et ta loi, délivrance.***

Évangile de Jésus Christ

selon saint Luc (16, 19-31)

« Tu as reçu le bonheur, et Lazare, le malheur.
Maintenant, lui, il trouve ici la consolation, et toi, la souffrance »

En ce temps-là, Jésus disait aux pharisiens : « Il y avait un homme riche, vêtu de pourpre et de lin fin, qui faisait chaque jour des festins somptueux. Devant son portail gisait un pauvre nommé Lazare, qui était couvert d'ulcères. Il aurait bien voulu se rassasier de ce qui tombait de la table du riche ; mais les chiens, eux, venaient lécher ses ulcères. Or le pauvre mourut, et les anges l'emportèrent auprès d'Abraham. Le riche mourut aussi, et on l'enterra. Au séjour des morts, il était en proie à la torture ; levant les yeux, il vit Abraham de loin et Lazare tout près de lui. Alors il cria : "Père Abraham, prends pitié de moi et envoie Lazare tremper le bout de son doigt dans l'eau pour me rafraîchir la langue, car je souffre terriblement dans cette fournaise. – Mon enfant, répondit Abraham, rappelle-toi : tu as reçu le bonheur pendant ta vie, et Lazare, le malheur pendant la sienne. Maintenant, lui, il trouve ici la consolation, et toi, la souffrance. Et en plus de tout cela, un grand abîme a été établi entre vous et nous, pour que ceux qui voudraient

passer vers vous ne le puissent pas, et que, de là-bas non plus, on ne traverse pas vers nous." Le riche répliqua : "Eh bien ! père, je te prie d'envoyer Lazare dans la maison de mon père. En effet, j'ai cinq frères : qu'il leur porte son témoignage, de peur qu'eux aussi ne viennent dans ce lieu de torture !" Abraham lui dit : "Ils ont Moïse et les Prophètes : qu'ils les écoutent ! – Non, père Abraham, dit-il, mais si quelqu'un de chez les morts vient les trouver, ils se convertiront." Abraham répondit : "S'ils n'écoutent pas Moïse ni les Prophètes, quelqu'un pourra bien ressusciter d'entre les morts : ils ne seront pas convaincus." »

Prière sur les offrandes

Par le sacrifice que nous célébrons aujourd'hui, nous t'en prions, Seigneur, sanctifie nos œuvres de pénitence, pour que ce dont témoignent extérieurement les efforts du Carême produise ses effets à l'intérieur de nous-mêmes. Par le Christ, notre Seigneur. ***— Amen.***

Préface du Carême, p. 240.

Antienne de la communion

Heureux les hommes intègres dans leurs voies qui marchent suivant la loi du Seigneur !
(Ps 118, 1)

Prière après la communion

Seigneur Dieu, que ce sacrifice demeure agissant en nous et prolonge son effet dans notre vie. Par le Christ, notre Seigneur. ***— Amen.***

Prière sur le peuple

Le prêtre peut dire la prière suivante :

Sois proche, Seigneur, de ceux qui te servent et qui implorent le secours de ta grâce, afin qu'ils trouvent en toi un rempart qui protège et une conduite de vie. Par le Christ, notre Seigneur.

— Amen.

INVITATION

Suis-je riche ? Suis-je pauvre ? Le Seigneur regarde le cœur.
Je revisite mon idée du « bonheur ». Est-elle conforme à l'Évangile ?

COMMENTAIRE

Relations à clarifier

Luc 16, 19-31

En ce temps de Carême où nous sommes invités à nous réajuster au message évangélique, Luc nous propose de clarifier nos relations avec les autres. Comme le riche, peut-être avons-nous tendance à ignorer celui qui est à notre porte parce qu'il ne fait pas partie de notre cercle, de notre milieu, et parce que nous ne pouvons en tirer aucun bénéfice ? Et si les paroles adressées au riche – que nous sommes tous par rapport à quelqu'un – sont dures, n'est-ce pas pour nous provoquer à la conversion ? ■

***Emmanuelle Billoteau,** ermite*

VENDREDI 21 MARS 2025

2E SEMAINE DE CARÊME COULEUR LITURGIQUE : VIOLET

Temps du Carême, *messe de la férie*

Antienne d'ouverture

En toi, Seigneur, j'ai mon refuge ; garde-moi d'être humilié pour toujours. Tu m'arraches au filet qu'ils m'ont tendu ; oui, c'est toi mon abri. (Ps 30, 2.5)

Prière

Nous t'en prions, Dieu tout-puissant : en ce temps où notre effort de pénitence nous purifie, accorde-nous de parvenir dans la droiture de l'esprit aux fêtes pascales qui approchent. Par Jésus… ***— Amen.***

16 - 22

Lecture

du livre de la Genèse (37, 3-4.12-13a.17b-28)

« Voici l'expert en songes qui arrive ! Allons-y, tuons-le »

Israël, c'est-à-dire Jacob, aimait Joseph plus que tous ses autres enfants, parce qu'il était le fils de sa vieillesse, et il lui fit faire une tunique de grand prix. En voyant qu'il leur préférait Joseph, ses autres fils se mirent à détester celui-ci, et ils ne pouvaient plus lui parler sans hostilité. Les frères de Joseph étaient allés à Sichem faire paître le troupeau de leur père. Israël dit à Joseph : « Tes frères ne gardent-ils pas le troupeau à Sichem ? Va donc les trouver de ma part ! » Joseph les trouva à Dotane. Ceux-ci l'aperçurent de loin et, avant qu'il arrive près d'eux, ils complotèrent de le faire mourir. Ils

se dirent l'un à l'autre : « Voici l'expert en songes qui arrive ! C'est le moment, allons-y, tuons-le, et jetons-le dans une de ces citernes. Nous dirons qu'une bête féroce l'a dévoré, et on verra ce que voulaient dire ses songes ! » Mais Roubène les entendit, et voulut le sauver de leurs mains. Il leur dit : « Ne touchons pas à sa vie. » Et il ajouta : « Ne répandez pas son sang : jetez-le dans cette citerne du désert, mais ne portez pas la main sur lui. » Il voulait le sauver de leurs mains et le ramener à son père.

Dès que Joseph eut rejoint ses frères, ils le dépouillèrent de sa tunique, la tunique de grand prix qu'il portait, ils se saisirent de lui et le jetèrent dans la citerne, qui était vide et sans eau. Ils s'assirent ensuite pour manger. En levant les yeux, ils virent une caravane d'Ismaélites qui venait de Galaad. Leurs chameaux étaient chargés d'aromates, de baume et de myrrhe qu'ils allaient livrer en Égypte. Alors Juda dit à ses frères : « Quel profit aurions-nous à tuer notre frère et à dissimuler sa mort ? Vendons-le plutôt aux Ismaélites et ne portons pas la main sur lui, car il est notre frère, notre propre chair. » Ses frères l'écoutèrent. Des marchands madianites qui passaient par là retirèrent Joseph de la citerne, ils le vendirent pour vingt pièces d'argent aux Ismaélites, et ceux-ci l'emmenèrent en Égypte. – Parole du Seigneur.

Psaume 104 (105)

℟ ***Souvenez-vous des merveilles que le Seigneur a faites.***

Cherchez le Seigneur et sa puissance,
souvenez-vous des merveilles qu'il a faites,
vous, la race d'Abraham son serviteur,
les fils de Jacob, qu'il a choisis. ℟

Il appela sur le pays la famine,
le privant de toute ressource.
Mais devant eux il envoya un homme,
Joseph, qui fut vendu comme esclave. ℟

On lui met aux pieds des entraves,
on lui passe des fers au cou ;
il souffrait pour la parole du Seigneur,
jusqu'au jour où s'accomplit sa prédiction. ℟

Le roi ordonne qu'il soit relâché,
le maître des peuples, qu'il soit libéré.
Il fait de lui le chef de sa maison,
le maître de tous ses biens. ℟

Acclamation de l'Évangile

Louange à toi, Seigneur, Roi d'éternelle gloire ! Dieu a tellement aimé le monde qu'il a donné son Fils unique, afin que ceux qui croient en lui aient la vie éternelle. ***Louange à toi, Seigneur, Roi d'éternelle gloire !***

Évangile de Jésus Christ

selon saint Matthieu (21, 33-43.45-46)

« Voici l'héritier : venez ! tuons-le ! »

En ce temps-là, Jésus disait aux grands prêtres et aux anciens du peuple : « Écoutez cette parabole : Un homme était propriétaire d'un domaine; il planta une vigne, l'entoura d'une clôture, y creusa un pressoir et bâtit une tour de garde. Puis il loua cette vigne à des vignerons, et partit en voyage. Quand arriva le temps des fruits, il envoya ses serviteurs auprès des vignerons pour se faire remettre le produit de sa vigne. Mais les vignerons se saisirent des serviteurs, frappèrent l'un, tuèrent l'autre, lapidèrent le troisième. De nouveau, le propriétaire envoya d'autres serviteurs plus nombreux

que les premiers; mais on les traita de la même façon. Finalement, il leur envoya son fils, en se disant : “Ils respecteront mon fils.” Mais, voyant le fils, les vignerons se dirent entre eux : “Voici l’héritier : venez ! tuons-le, nous aurons son héritage !” Ils se saisirent de lui, le jetèrent hors de la vigne et le tuèrent. Eh bien ! quand le maître de la vigne viendra, que fera-t-il à ces vignerons ? » On lui répond : « Ces misérables, il les fera périr misérablement. Il louera la vigne à d’autres vignerons, qui lui en remettront le produit en temps voulu. » Jésus leur dit : « N’avez-vous jamais lu dans les Écritures : *La pierre qu’ont rejetée les bâtisseurs est devenue la pierre d’angle : c’est là l’œuvre du Seigneur, la merveille devant nos yeux !* Aussi, je vous le dis : Le royaume de Dieu vous sera enlevé pour être donné à une nation qui lui fera produire ses fruits. » En entendant les paraboles de Jésus, les grands prêtres et les pharisiens avaient bien compris qu’il parlait d’eux. Tout en cherchant à l’arrêter, ils eurent peur des foules, parce qu’elles le tenaient pour un prophète.

Prière sur les offrandes

Nous t’en prions, Seigneur Dieu, que ta tendresse devance tes serviteurs, comme toi seul sais le faire ; qu’elle nous conduise dans une vie sainte à célébrer pleinement ces mystères. Par le Christ, notre Seigneur. ***— Amen.***

Préface du Carême, p. 240.

Antienne de la communion

Dieu nous a aimés,
et il a envoyé son Fils
en sacrifice de pardon
pour nos péchés. (1 Jn 4, 10)

Prière après la communion

Nous avons reçu, Seigneur, le gage du salut éternel, et nous te prions : accorde-nous de tendre vers lui de manière à y parvenir. Par le Christ, notre Seigneur. — ***Amen.***

Prière sur le peuple

Le prêtre peut dire la prière suivante :

Nous t'en prions, Seigneur, donne à ton peuple le salut de l'âme et du corps; qu'en s'attachant à faire le bien, il puisse compter toujours sur ta protection. Par le Christ, notre Seigneur. — ***Amen.***

INVITATION

Et si je recopiais une phrase de l'évangile du jour sur un bout de papier que je glisserais dans ma poche toute la journée ?

COMMENTAIRE

D'une jalousie amère Genèse 37, 3-4.12-13a.17b-28

Joseph et ses frères nous renvoient à nos relations interpersonnelles. La jalousie qu'il est difficile d'avouer à autrui et de s'avouer à soi-même est évoquée sans détour. N'empoisonne-t-elle pas nos vies jusqu'à susciter le désir de voir l'autre disparaître ? Si les frères de Joseph avaient des raisons de lui en vouloir (préférence de leur père à son égard, prétentions de Joseph), la Bible ne justifie pas leur attitude. Elle nous invite par-là à extirper de nos cœurs cette plante amère. ■

Emmanuelle Billoteau, *ermite*

SAMEDI 22 MARS 2025

2E SEMAINE DE CARÊME COULEUR LITURGIQUE : VIOLET

Temps du Carême, *messe de la férie*

Antienne d'ouverture

Le Seigneur est tendresse et pitié, lent à la colère et plein d'amour ; la bonté du Seigneur est pour tous, sa tendresse, pour toutes ses œuvres.
(Ps 144, 8-9)

Prière

Seigneur Dieu, par les secours de ta grâce divine, tu nous associes déjà aux biens du ciel alors que nous sommes encore sur la terre ; nous t'en prions : dirige-nous toi-même en cette vie afin de nous conduire jusqu'à cette lumière où tu demeures. Par Jésus… ***— Amen.***

Lecture

du livre du prophète Michée (7, 14-15.18-20)

« Tu jetteras au fond de la mer tous nos péchés ! »

Seigneur, avec ta houlette, sois le pasteur de ton peuple, du troupeau qui t'appartient, qui demeure isolé dans le maquis, entouré de vergers. Qu'il retrouve son pâturage à Bashane et Galaad, comme aux jours d'autrefois ! Comme aux jours où tu sortis d'Égypte, tu lui feras voir des merveilles ! Qui est Dieu comme toi, pour enlever le crime, pour passer sur la révolte comme tu le fais à l'égard du reste, ton héritage : un Dieu qui

ne s'obstine pas pour toujours dans sa colère mais se plaît à manifester sa faveur ? De nouveau, tu nous montreras ta miséricorde, tu fouleras aux pieds nos crimes, tu jetteras au fond de la mer tous nos péchés ! Ainsi tu accordes à Jacob ta fidélité, à Abraham ta faveur, comme tu l'as juré à nos pères depuis les jours d'autrefois.
– Parole du Seigneur.

Psaume 102 (103)

℟ ***Le Seigneur est tendresse et pitié.***

Bénis le Seigneur, ô mon âme,
bénis son nom très saint, tout mon être !
Bénis le Seigneur, ô mon âme,
n'oublie aucun de ses bienfaits ! ℟

Car il pardonne toutes tes offenses
et te guérit de toute maladie ;
il réclame ta vie à la tombe
et te couronne d'amour et de tendresse ! ℟

Il n'est pas pour toujours en procès,
ne maintient pas sans fin ses reproches ;
il n'agit pas envers nous selon nos fautes,
ne nous rend pas selon nos offenses. ℟

Comme le ciel domine la terre,
fort est son amour pour qui le craint ;
aussi loin qu'est l'orient de l'occident,
il met loin de nous nos péchés. ℟

Acclamation de l'Évangile

Ta parole, Seigneur, est vérité, et ta loi, délivrance. Je me lèverai, j'irai vers mon père, et je lui dirai : Père, j'ai péché contre le ciel et envers toi. ***Ta parole, Seigneur, est vérité, et ta loi, délivrance.***

Évangile de Jésus Christ

selon saint Luc (15, 1-3.11-32)

« Ton frère que voilà était mort, et il est revenu à la vie »

En ce temps-là, les publicains et les pécheurs venaient tous à Jésus pour l'écouter. Les pharisiens et les scribes récriminaient contre lui : « Cet homme fait bon accueil aux pécheurs, et il mange avec eux ! » Alors Jésus leur dit cette parabole : « Un homme avait deux fils. Le plus jeune dit à son père : "Père, donne-moi la part de fortune qui me revient." Et le père leur partagea ses biens. Peu de jours après, le plus jeune rassembla tout ce qu'il avait, et partit pour un pays lointain où il dilapida sa fortune en menant une vie de désordre. Il avait tout dépensé, quand une grande famine survint dans ce pays, et il commença à se trouver dans le besoin. Il alla s'engager auprès d'un habitant de ce pays, qui l'envoya dans ses champs garder les porcs. Il aurait bien voulu se remplir le ventre avec les gousses que mangeaient les porcs, mais personne ne lui donnait rien. Alors il rentra en lui-même et se dit : "Combien d'ouvriers de mon père ont du pain en abondance, et moi, ici, je meurs de faim ! Je me lèverai, j'irai vers mon père, et je lui dirai : Père, j'ai péché contre le ciel et envers toi. Je ne suis plus digne d'être appelé ton fils. Traite-moi comme l'un de tes ouvriers." Il se leva et s'en alla vers son père. Comme il était encore loin, son père l'aperçut et fut saisi de compassion; il courut se jeter à son cou et le couvrit de baisers. Le fils lui dit : "Père, j'ai péché contre le ciel et envers toi. Je ne suis plus digne d'être appelé ton fils." Mais le père dit à ses serviteurs : "Vite, apportez le plus beau vêtement pour l'habiller, mettez-lui une bague au doigt et des sandales aux pieds, allez chercher le veau gras, tuez-le, mangeons et festoyons, car mon fils que voilà était mort, et il est revenu à la vie; il était perdu, et il est retrouvé." Et ils commencèrent à festoyer. Or le fils aîné était aux champs. Quand il revint et fut près de la maison, il entendit la musique et les danses. Appelant un des serviteurs, il s'informa de ce qui se passait. Celui-ci répondit : "Ton frère est arrivé, et ton père a tué le veau gras, parce qu'il a retrouvé ton frère en bonne santé." Alors le fils aîné se mit en colère, et il refusait d'entrer. Son père sortit le supplier. Mais il répliqua à son père : "Il y a tant d'années que je suis à ton service sans avoir jamais transgressé tes ordres, et jamais tu ne m'as donné un chevreau pour festoyer avec mes amis. Mais, quand ton fils que voilà est revenu après avoir dévoré ton bien avec des prostituées, tu as fait tuer pour lui le veau gras !" Le père répondit : "Toi, mon enfant, tu es toujours avec moi, et tout ce qui est à moi est à toi. Il fallait festoyer et se réjouir; car ton frère que voilà était mort, et il est revenu à la vie; il était perdu, et il est retrouvé !" »

Prière sur les offrandes

Nous t'en prions, Seigneur, que par ces mystères la rédemption porte en nous ses fruits, nous fasse éviter tout écart dans notre vie et nous mène vers les biens du salut. Par le Christ, notre Seigneur. — ***Amen.***

Préface du Carême, p. 240.

Antienne de la communion

Il faut te réjouir, mon fils;
car ton frère était mort,
et il est revenu à la vie ;
il était perdu, et il est retrouvé !
(Lc 15, 32)

Prière après la communion

Nous avons reçu ton sacrement divin, Seigneur : qu'il nous atteigne au plus intime de notre cœur et nous communique sa puissance. Par le Christ, notre Seigneur. — ***Amen.***

Prière sur le peuple

Le prêtre peut dire la prière suivante :

Dans ta miséricorde, Seigneur, prête une oreille attentive aux prières de ceux qui te supplient ; et afin de pouvoir exaucer leurs désirs, fais-leur demander ce qui te plaît. Par le Christ, notre Seigneur. — ***Amen.***

INVITATION

Aujourd'hui est la Journée mondiale de l'eau. Je peux confier dans ma prière tous ceux qui n'ont pas accès à une eau potable.

COMMENTAIRE

Projet de vie

Michée 7, 14-15.18-20 ; Luc 15, 1-3.11-32

Aussi bien la prière de Michée que les paroles du fils « prodigue » à son père peuvent inspirer notre prière personnelle. Dans un cas comme dans l'autre, elles se fondent sur la confiance en un Dieu capable de faire merveille en pardonnant, autant dire en ouvrant un avenir à quiconque s'est égaré et perçoit douloureusement la morsure de cet égarement. Car Dieu ne nous assimile pas à nos « ratés » ; il a un projet de vie pour nous. Ne nous voit-il pas déjà renouvelés par son amour ? ■

Emmanuelle Billoteau, *ermite*

DIMANCHE 23 MARS 2025

3E DIMANCHE DE CARÊME

ANNÉE C – COULEUR LITURGIQUE : VIOLET

« Maître, laisse-le encore cette année, le temps que je bêche autour pour y mettre du fumier. » Luc 13, 8

Levons les yeux ! Nous sommes des enfants du jour, des fils de la lumière, des citoyens du ciel. Dès aujourd'hui, avec le Christ, élargissons notre horizon. Car le Carême n'est pas définitif, il nous conduit à l'aube de Pâques. Et dès aujourd'hui, nous en voyons la lumière. En ce dimanche, que nos cœurs s'ouvrent à la Bonne Nouvelle.

RITES INITIAUX

Chant d'entrée *(Suggestions p. 260)*

OU

Antienne d'ouverture

J'ai toujours les yeux tournés vers le Seigneur :
il tirera mes pieds du filet. Regarde, et prends pitié de moi,
de moi qui suis seul et misérable. (cf. Ps 24, 15-16)

OU

Quand je manifesterai, par vous, ma sainteté, je vous rassemblerai de tous les pays, dit le Seigneur. Je répandrai sur vous une eau pure, et vous serez purifiés de toutes vos souillures. Et je mettrai en vous un esprit nouveau. (cf. Ez 36, 23-26)

Suggestion de préparation pénitentielle *(ou p. 233)*

Frères et sœurs, le Seigneur est tendresse et pitié, il pardonne toutes nos offenses, c'est pourquoi nous lui ouvrons nos cœurs en reconnaissant que nous sommes pécheurs.

Seigneur Jésus, tu nous appelles à nous convertir, prends pitié de nous.

— Nous avons péché contre toi.

Lorsque nous trébuchons sur le chemin, tu nous relèves, montre-nous ta miséricorde.

— Et donne-nous ton salut.

Que Dieu tout-puissant nous fasse miséricorde ; qu'il nous pardonne nos péchés et nous conduise à la vie éternelle. ***– Amen.***

Ensuite on chante ou on dit le Kyrie p. 234.

Pendant le Carême, on omet le Gloire à Dieu.

Prière

Seigneur Dieu, source de toute bonté, et de toute miséricorde, tu nous as montré comment guérir du péché par le jeûne, la prière et le partage ; accueille favorablement l'aveu de notre faiblesse, et puisque nous prenons humblement conscience de nos fautes, que ta miséricorde nous relève sans cesse. Par Jésus… ***– Amen.***

LITURGIE DE LA PAROLE

On peut privilégier, ce 3e dimanche de Carême, les lectures de l'année A dans les communautés où des adultes se préparent au baptême (Ex 17, 3-7 ; Rm 5, 1-2.5-8 ; Jn 4, 5-42).

Lecture du livre de l'Exode (3, 1-8a.10.13-15)

« Celui qui m'a envoyé vers vous, c'est : Je-suis »

En ces jours-là, Moïse était berger du troupeau de son beau-père Jéthro, prêtre de Madiane. Il mena le troupeau au-delà du désert et parvint à la montagne de Dieu, à l'Horeb. L'ange du Seigneur lui apparut dans la flamme d'un buisson en feu. Moïse regarda : le buisson brûlait sans se consumer. Moïse se dit alors :

« Je vais faire un détour pour voir cette chose extraordinaire : pourquoi le buisson ne se consume-t-il pas ? » Le Seigneur vit qu'il avait fait un détour pour voir, et Dieu l'appela du milieu du buisson : « Moïse ! Moïse ! » Il dit : « Me voici ! » Dieu dit alors : « N'approche pas d'ici ! Retire les sandales de tes pieds, car le lieu où tu te tiens est une terre sainte ! » Et il déclara : « Je suis le Dieu de ton père, le Dieu d'Abraham, le Dieu d'Isaac, le Dieu de Jacob. » Moïse se voila le visage car il craignait de porter son regard sur Dieu. Le Seigneur dit : « J'ai vu, oui, j'ai vu la misère de mon peuple qui est en Égypte, et j'ai entendu ses cris sous les coups des surveillants. Oui, je connais ses souffrances. Je suis descendu pour le délivrer de la main des Égyptiens et le faire monter de ce pays vers un beau et vaste pays, vers un pays ruisselant de lait et de miel. Maintenant donc, va ! Je t'envoie chez Pharaon : tu feras sortir d'Égypte mon peuple, les fils d'Israël. » Moïse répondit à Dieu : « J'irai donc trouver les fils d'Israël, et je leur dirai : "Le Dieu de vos pères m'a envoyé vers vous." Ils vont me demander quel est son nom ; que leur répondrai-je ? » Dieu dit à Moïse : « Je suis qui je suis. Tu parleras ainsi aux fils d'Israël : "Celui qui m'a envoyé vers vous, c'est : Je-suis." » Dieu dit encore à Moïse : « Tu parleras ainsi aux fils d'Israël : "Celui qui m'a envoyé vers vous, c'est Le Seigneur, le Dieu de vos pères, le Dieu d'Abraham, le Dieu d'Isaac, le Dieu de Jacob." C'est là mon nom pour toujours, c'est par lui que vous ferez mémoire de moi, d'âge en d'âge. » – Parole du Seigneur.

Psaume 102 (103)

℟ *Le Seigneur est tendresse et pitié.*

T. : AELF; M. : J.-P. Hervy; Éd. : ADF.

Bénis le Seigneur, ô mon âme,
bénis son nom très saint, tout mon être !
Bénis le Seigneur, ô mon âme,
n'oublie aucun de ses bienfaits ! ℟

Car il pardonne toutes tes offenses
et te guérit de toute maladie ;
il réclame ta vie à la tombe
et te couronne d'amour et de tendresse. ℟

Le Seigneur fait œuvre de justice,
il défend le droit des opprimés.
Il révèle ses desseins à Moïse,
aux enfants d'Israël ses hauts faits. ℟

Écoutez ce psaume sur **www.prionseneglise.fr/messe-du-dimanche**

℟ ***Le Seigneur est tendresse et pitié.***

Le Seigneur est tendresse et pitié,
lent à la colère et plein d'amour.
Comme le ciel domine la terre,
fort est son amour pour qui le craint. ℟

Lecture de la première lettre de saint Paul apôtre aux Corinthiens (10, 1-6.10-12)

La vie de Moïse avec le peuple au désert, l'Écriture l'a racontée pour nous avertir

Frères, je ne voudrais pas vous laisser ignorer que, lors de la sortie d'Égypte, nos pères étaient tous sous la protection de la nuée, et que tous ont passé à travers la mer. Tous, ils ont été unis à Moïse par un baptême dans la nuée et dans la mer ; tous, ils ont mangé la même nourriture spirituelle ; tous, ils ont bu la même boisson spirituelle ; car ils buvaient à un rocher spirituel qui les suivait, et ce rocher, c'était le Christ. Cependant, la plupart n'ont pas su plaire à Dieu : leurs ossements, en effet, jonchèrent le désert.

Ces événements devaient nous servir d'exemple, pour nous empêcher de désirer ce qui est mal comme l'ont fait ces gens-là. Cessez de récriminer comme l'ont fait certains d'entre eux : ils ont été exterminés. Ce qui leur est arrivé devait servir d'exemple, et l'Écriture l'a raconté pour nous avertir, nous qui nous trouvons à la fin des

temps. Ainsi donc, celui qui se croit solide, qu'il fasse attention à ne pas tomber. – Parole du Seigneur.

Acclamation de l'Évangile

Gloire au Christ, Sagesse éternelle du Dieu vivant. Gloire à toi, Seigneur. Convertissez-vous, dit le Seigneur, car le royaume des Cieux est tout proche. ***Gloire au Christ, Sagesse éternelle du Dieu vivant. Gloire à toi, Seigneur.***

U77-01; T. : AELF; M. : P. Robert; ADF Musique.

Évangile de Jésus Christ selon saint Luc (13, 1-9)

« Si vous ne vous convertissez pas, vous périrez tous de même »

Un jour, des gens rapportèrent à Jésus l'affaire des Galiléens que Pilate avait fait massacrer, mêlant leur sang à celui des sacrifices qu'ils offraient. Jésus leur répondit : « Pensez-vous que ces Galiléens étaient de plus grands pécheurs que tous les autres Galiléens, pour avoir subi un tel sort ? Eh bien, je vous dis : pas du tout ! Mais si vous ne vous convertissez pas, vous périrez tous de même. Et ces dix-huit personnes tuées par la chute de la tour de Siloé, pensez-vous qu'elles étaient plus coupables que tous les autres habitants de Jérusalem ? Eh bien, je vous dis : pas du tout ! Mais si vous ne vous convertissez pas, vous périrez tous de même. » Jésus disait encore cette parabole : « Quelqu'un avait un figuier planté dans sa vigne. Il vint chercher du fruit sur ce figuier, et n'en trouva pas. Il dit alors à son vigneron : "Voilà trois ans que je viens chercher du fruit sur ce figuier, et je n'en trouve pas. Coupe-le. À quoi bon le laisser épuiser le sol ?" Mais le vigneron lui répondit : "Maître, laisse-le encore cette année, le temps que je bêche autour pour y mettre du fumier. Peut-être donnera-t-il du fruit à l'avenir. Sinon, tu le couperas." »

Homélie

Profession de foi *(p. 236)*

Suggestion de prière universelle

Le prêtre : Frères et sœurs, Dieu notre Père est patience envers l'humanité. Confions-lui nos prières afin que son nom redonne l'espérance à tous les hommes.

℟ ***Pleins de confiance, nous te prions, Seigneur.***

Z129-20

Le diacre ou un lecteur :

Avec les catéchumènes qui célèbrent aujourd'hui leur premier scrutin, prions pour leurs accompagnateurs et leurs familles appelés à les entourer dans leur route vers le baptême. Dieu de foi, nous te prions. ℟

Avec tous ceux et toutes celles qui veillent à la sécurité de tous, prions pour les extrémistes et terroristes qui sèment la violence au nom de Dieu. Dieu de paix, nous te prions. ℟

Avec les parents, les enseignants et les éducateurs, prions pour les enfants et les jeunes qui rencontrent des difficultés scolaires. Dieu de patience, nous te prions. ℟

Avec les « pèlerins d'Espérance » se rendant à Rome en ce jubilé, prions tous les artisans de fraternité à travers le monde. Dieu d'amour, nous te prions. ℟

(Ces intentions seront adaptées ou modifiées selon les circonstances. On peut aussi s'inspirer de l'intention universelle du Saint-Père, p. 6.)

Le prêtre :

Père de tendresse, Dieu de l'Alliance, écoute nos prières : que la gloire de ton nom réconforte tous ceux qui t'implorent. Par le Christ, notre Seigneur. — ***Amen.***

LITURGIE EUCHARISTIQUE

Prière sur les offrandes

Par ce sacrifice, Seigneur de bonté, alors que nous implorons le pardon de nos fautes, accorde-nous d'avoir à cœur de pardonner celles de nos frères. Par le Christ, notre Seigneur. — ***Amen.***

Prière eucharistique

(1re ou 2e préface du Carême, p. 240)

OU

Lorsque l'évangile de la Samaritaine (Jn 4, 5-42) a été lu :

Vraiment, il est juste et bon, pour ta gloire et notre salut, de t'offrir notre action de grâce, toujours et en tout lieu, Seigneur, Père très saint, Dieu éternel et tout-puissant, par le Christ, notre Seigneur. Quand il demandait à la Samaritaine de lui donner à boire, il lui faisait déjà le don de la foi ; de cette foi, il manifesta une telle soif qu'il fit naître en elle le feu de l'amour de Dieu. C'est pourquoi nous te rendons grâce et, avec les anges, nous chantons tes merveilles en proclamant : ***Saint ! Saint ! Saint...***

Chant de communion *(Suggestions p. 260)*

OU

Antienne de la communion

Le passereau lui-même s'est trouvé une maison, et la tourterelle,
un nid pour abriter sa couvée : tes autels, Seigneur de l'univers,
mon Roi et mon Dieu ! Heureux les habitants de ta maison :
ils te loueront pour les siècles des siècles.
(cf. Ps 83, 4-5)

OU

Lorsque l'évangile de la Samaritaine (Jn 4, 5-42) a été lu :

L'eau que moi, je donnerai, dit le Seigneur,
deviendra en celui qui en boira source d'eau jaillissant
pour la vie éternelle.
(cf. Jn 4, 13-14)

Prière après la communion

Nous avons reçu de toi, Seigneur, un avant-goût des mystères du ciel, et, dès cette terre, nous sommes rassasiés par le pain venu d'en haut ; nous t'en supplions : donne-nous de mettre en œuvre ce que le sacrement réalise en nous. Par le Christ, notre Seigneur.

— Amen.

Prière sur le peuple

Le prêtre peut dire la prière suivante :

Dirige, Seigneur, le cœur de tes fidèles et, dans ta bienveillance, donne à ceux qui te servent la grâce d'accomplir la plénitude de tes commandements en demeurant dans l'amour pour toi et pour le prochain. Par le Christ, notre Seigneur. — ***Amen.***

RITE DE CONCLUSION

Bénédiction

Envoi

COMMENTAIRE DU DIMANCHE

Marie-Caroline Bustarret, théologienne,
enseignante aux facultés Loyola Paris

Contre toute logique

Dans cet épisode, une triste actualité s'invite dans l'enseignement de Jésus : des hommes sont morts, les premiers, victimes de la violence des puissants, les autres d'un funeste coup du sort. Dans les deux cas, les morts sont injustes et inexplicables et pourtant le réflexe des contemporains de Jésus est de tenter de les justifier en les imputant à la justice divine. Or, Jésus profite de l'occasion pour dénoncer fermement l'idée que Dieu punisse ainsi les hommes pécheurs. Mais surtout il veut nous mettre en garde : il est immensément grave d'imputer à Dieu une violence qui lui est fondamentalement étrangère et il est tout aussi grave de nous enfermer nous-mêmes dans les fausses représentations de lui que nous fabriquons. Car ce faisant, c'est nous qui nous condamnons nous-mêmes : si nous •••

••• véhiculons l'idée selon laquelle le malheur qui s'abat sur nous est une expression de la justice de Dieu, nous nous coupons de sa bonté. Le risque est alors que nous entrions dans le face-à-face avec Dieu lestés du poids d'une condamnation qui sera le fruit, non d'une quelconque volonté divine, mais de notre regard corrompu. Jésus veut nous faire accéder à une tout autre vision du monde dans laquelle Dieu est comme ce vigneron patient qui, contre toute logique, ne désespère pas d'un arbre qui demeure pourtant stérile. Une fois de plus Jésus, assène son message : la miséricorde de Dieu est un renversement absolu de notre logique.

~

Quel est mon regard sur Dieu, qui est-il vraiment pour moi ?
Comment le laisser me convertir à son incroyable amour ?
Quel est le regard de Dieu sur moi ? Suis-je prêt à envisager qu'il me considère avec la même bienveillance que le vigneron qui ne cessera jamais d'espérer que le figuier porte du fruit ? ■

Prions en Église junior

LIRE L'ÉVANGILE AVEC LES ENFANTS

CE QUE JE DÉCOUVRE

Rater un devoir, se blesser, tomber malade… Quand certains traversent des moments difficiles, ils pensent que c'est une punition de Dieu. Mais **le Seigneur est amour,** il est un Dieu de bonté, de miséricorde, qui se montre patient avec nous. Comme le vigneron qui laisse le figuier encore un an, le temps que cet arbre donne du fruit. Si tu trouves parfois difficile de suivre les paroles de Jésus, ne te décourage pas. Chaque fois que tu tombes, **le Seigneur t'aide à te relever. Il t'aide à avancer avec joie sur le chemin de l'amour.**

CE QUE JE VIS

Pour toi, est-ce facile d'être patient avec les autres ? Pourquoi ? As-tu déjà ressenti combien Jésus te donne de la force, du courage, de la joie ?
Écris une prière à Jésus. Dis-lui que tu l'aimes, remercie-le pour sa patience et sa bonté.

Texte : Thibault Van Den Driessche. Illustrations : Marcelino Truong.

MÉDITATION BIBLIQUE

3E DIMANCHE DE CARÊME

Livre de l'Exode 3, 1-8a.10.13-15

Moïse, l'envoyé

La révélation du buisson donne à Moïse les clés pour ne pas se prendre pour Dieu. Moïse ne fait que participer à la mise en œuvre du salut.

Le temps de la préparation

« Il révèle ses desseins à Moïse, aux enfants d'Israël ses hauts faits. » (Ps 102, 7)

Le temps de l'observation

L'épisode du buisson qui ne se consume pas développe une théologie solide. Dans la révélation à laquelle Moïse participe, Dieu met les choses en place. Il lui apprend qu'il sait, qu'il a entendu le cri et la souffrance du peuple hébreu soumis à la servitude. Par conséquent, il va agir pour délivrer le peuple mais il annonce à Moïse que c'est lui qui sera l'intermédiaire de la réalisation de ce salut. Le fait qu'il est envoyé par Dieu ne cessera ensuite d'être repris dans ce court extrait. Il ne pourra donc y avoir aucune confusion possible, aucun malentendu. Moïse ne peut laisser penser qu'il sauve ou même qu'il agit de sa propre initiative. C'est à cette condition que l'opération pourra réussir. Le salut vient de Dieu, Moïse ne fait que participer à sa mise en œuvre. Ces distinctions sont les bienvenues et empêchent tout abus de pouvoir. De plus, le salut n'est conditionné à rien, si ce n'est au fait de l'accepter.

Le temps de la méditation

Ce court texte rappelle les bases simples et sécurisantes. Dieu offre son salut à la Création et personne ne peut interférer dans ce geste qui se poursuit âge après âge, car le Dieu de la Bible tient ses promesses. Moïse en tant que médiateur n'a pas de pouvoir ni de maîtrise sur le salut donné par Dieu. Sa fonction consiste à faire circuler le mieux possible l'information, à dire à tous que le salut est offert à qui le souhaite, à inviter, à transmettre. Moïse n'est qu'un envoyé et doit rester à sa place. Ce texte contribue à plus de clarté. Seul Dieu est en mission pour que chaque humain puisse vivre en conscience de la vie donnée. Les prophètes, les disciples, l'Église et finalement tout chrétien participent à une seule mission, celle de Dieu. Cela est rassurant – le salut ne dépend pas de nous – et cela nous invite à une plus grande humilité – nous ne sommes pas au centre du dialogue que Dieu engage avec l'humanité.

Le temps de la prière

« Bénis le Seigneur, ô mon âme,
bénis son nom très saint,
tout mon être ! Bénis le Seigneur,
ô mon âme, n'oublie aucun
de ses bienfaits ! » (Ps 102, 1-2) ■

Marie-Laure Durand, bibliste

DES IMAGES POUR LA FOI

3E DIMANCHE DE CARÊME

Le chemin de Moïse

C'est dans le cadre d'un paysage de ses Flandres natales que le peintre met en scène l'appel de Dieu à Moïse depuis le buisson ardent.

Au second plan, un berger est assis au bord du chemin. Au-delà de son troupeau, on découvre un paysage de collines d'où émergent un château ainsi que des églises dans le lointain. Une représentation minutieuse du quotidien dans laquelle les peintres flamands excellent; même si les campagnes de ces contrées au XVe siècle n'ont sans doute jamais connu de berger vêtu de la sorte. Car ce gardien de troupeau, c'est Moïse. S'il se déchausse, comme la voix du Seigneur le lui demande (Ex 3, 5), c'est parce qu'il quitte symboliquement le monde des hommes pour s'approcher du monde de Dieu. Alors qu'il s'avance vers la montagne (les rochers au premier plan), la vision du buisson qui brûle sans se consumer l'arrête : il plie le genou et lève les mains dans un geste où se mêlent stupeur et vénération. Alors que les siècles précédents évitaient de figurer Dieu pour respecter son mystère, sa représentation ici rassure et répond à l'inquiétude religieuse de la fin du Moyen Âge. Si le Seigneur se manifeste à Moïse, c'est pour lui confier une mission : sa houlette, posée au sol, évoque le bâton qui se transformera en serpent pour justifier son autorité devant Pharaon (Ex 7, 15). ■

Dominique Pierre

Moïse et le buisson ardent
Dirk Bouts, Philadepphia Museum of Art, Philadelphie (États-Unis).

Une prière *de Lise Hudon-Bonin, pour ce dimanche*

Donne-nous ta force

Seigneur Dieu, tu n'es pas à l'origine des accidents,
des catastrophes naturelles et des tragédies qui surviennent
et touchent des personnes, qu'elles soient bonnes ou non.
Les épreuves, tu ne les expliques pas, tu ne les justifies pas,
tu ne les supprimes pas, mais tu t'en émeus.
Tu souffres de ce qui nous fait mal.
Tu entends les cris d'incompréhension et de douleur
des victimes. Au milieu de leurs familles, de leurs maisons,
de leurs villes et de leurs pays dévastés,
tu es là et tu pleures avec elles.
Nous comptons sur ta force, ta grâce et ta paix
pour affronter et surmonter nos épreuves.
Crée entre nous des liens de solidarité et de charité.
Fais de nous des intermédiaires de ton soutien
et de ta tendresse auprès des plus touchés,
pour les secourir et les soulager. Amen.

LUNDI 24 MARS 2025

3E SEMAINE DE CARÊME COULEUR LITURGIQUE : VIOLET

Temps du Carême, *messe de la férie*

Antienne d'ouverture

Mon âme s'épuise à désirer les parvis du Seigneur ;
mon cœur et ma chair sont un cri de joie vers le Dieu vivant ! (cf. Ps 83, 3)

Prière

Que ta miséricorde inlassable, Seigneur, purifie et protège ton Église ; et puisque sans toi, elle ne peut demeurer en ton salut : dans ta grâce gouverne-la toujours. Par Jésus… — ***Amen.***

Lecture

du deuxième livre des Rois (5, 1-15a)

« Il y avait beaucoup de lépreux en Israël ;
et aucun d'eux n'a été purifié, mais bien Naaman le Syrien »

En ces jours-là, Naaman, général de l'armée du roi d'Aram, était un homme de grande valeur et hautement estimé par son maître, car c'est par lui que le Seigneur avait donné la victoire au royaume d'Aram. Or, ce vaillant guerrier était lépreux. Des Araméens, au cours d'une expédition en terre d'Israël, avaient fait prisonnière une fillette qui fut mise au service de la femme de Naaman. Elle dit à sa maîtresse : « Ah ! si mon maître s'adressait au prophète qui est à Samarie, celui-ci le délivrerait

23 - 29

de sa lèpre. » Naaman alla auprès du roi et lui dit : « Voilà ce que la jeune fille d'Israël a déclaré. » Le roi d'Aram lui répondit : « Va, mets-toi en route. J'envoie une lettre au roi d'Israël. » Naaman partit donc; il emportait dix lingots d'argent, six mille pièces d'or et dix vêtements de fête. Il remit la lettre au roi d'Israël. Celle-ci portait : « En même temps que te parvient cette lettre, je t'envoie Naaman mon serviteur, pour que tu le délivres de sa lèpre. » Quand le roi d'Israël lut ce message, il déchira ses vêtements et s'écria : « Est-ce que je suis Dieu, maître de la vie et de la mort ? Ce roi m'envoie un homme pour que je le délivre de sa lèpre ! Vous le voyez bien : c'est une provocation ! » Quand Élisée, l'homme de Dieu, apprit que le roi d'Israël avait déchiré ses vêtements, il lui fit dire : « Pourquoi as-tu déchiré tes vêtements ? Que cet homme vienne à moi, et il saura qu'il y a un prophète en Israël. » Naaman arriva avec ses chevaux et son char, et s'arrêta à la porte de la maison d'Élisée. Élisée envoya un messager lui dire : « Va te baigner sept fois dans le Jourdain, et ta chair redeviendra nette, tu seras purifié. » Naaman se mit en colère et s'éloigna en disant : « Je m'étais dit : Sûrement il va sortir, et se tenir debout pour invoquer le nom du Seigneur son Dieu; puis il agitera sa main au-dessus de l'endroit malade et guérira ma lèpre. Est-ce que les fleuves de Damas, l'Abana et le Parpar, ne valent pas mieux que toutes les eaux d'Israël ? Si je m'y baignais, est-ce que je ne serais pas purifié ? » Il tourna bride et partit en colère. Mais ses serviteurs s'approchèrent pour lui dire : « Père ! Si le prophète t'avait ordonné quelque chose de difficile, tu l'aurais fait, n'est-ce pas ? Combien plus, lorsqu'il te dit : "Baigne-toi, et tu seras purifié." » Il descendit jusqu'au

Jourdain et s'y plongea sept fois, pour obéir à la parole de l'homme de Dieu; alors sa chair redevint semblable à celle d'un petit enfant : il était purifié ! Il retourna chez l'homme de Dieu avec toute son escorte; il entra, se présenta devant lui et déclara : « Désormais, je le sais : il n'y a pas d'autre Dieu, sur toute la terre, que celui d'Israël ! »
– Parole du Seigneur

Psaume 41 (42)

℟ ***Mon âme a soif de Dieu, le Dieu vivant.***

Comme un c<u>e</u>rf altéré
ch<u>e</u>rche l'eau vive,
ainsi mon <u>â</u>me te cherche,
t<u>o</u>i, mon Dieu. ℟

Mon âme a s<u>o</u>if de Dieu,
le Die<u>u</u> vivant ;
quand pourr<u>a</u>i-je m'avancer,
par<u>a</u>ître face à Dieu ? ℟

Envoie ta lumi<u>è</u>re et ta vérité :
qu'elles gu<u>i</u>dent mes pas
et me conduisent à ta mont<u>a</u>gne sainte,
j<u>u</u>squ'en ta demeure. ℟

J'avancerai jusqu'à l'aut<u>e</u>l de Dieu,
vers Dieu qui est to<u>u</u>te ma joie ;
je te rendrai gr<u>â</u>ce avec ma harpe,
Die<u>u</u>, mon Dieu ! ℟

Acclamation de l'Évangile

Gloire au Christ, Sagesse éternelle du Dieu vivant. Gloire à toi, Seigneur. J'espère le Seigneur, et j'attends sa parole ; près du Seigneur est l'amour, l'abondance du rachat. ***Gloire au Christ, Sagesse éternelle du Dieu vivant. Gloire à toi, Seigneur.***

LUNDI 24 MARS 2025

Évangile de Jésus Christ

selon saint Luc (4, 24-30)

Jésus, comme Élie et Élisée, n'est pas envoyé qu'aux seuls Juifs

Dans la synagogue de Nazareth, Jésus déclara : « Amen, je vous le dis : aucun prophète ne trouve un accueil favorable dans son pays. En vérité, je vous le dis : Au temps du prophète Élie, lorsque pendant trois ans et demi le ciel retint la pluie, et qu'une grande famine se produisit sur toute la terre, il y avait beaucoup de veuves en Israël; pourtant Élie ne fut envoyé vers aucune d'entre elles, mais bien dans la ville de Sarepta, au pays de Sidon, chez une veuve étrangère. Au temps du prophète Élisée, il y avait beaucoup de lépreux en Israël; et aucun d'eux n'a été purifié, mais bien Naaman le Syrien. » À ces mots, dans la synagogue, tous devinrent furieux. Ils se levèrent, poussèrent Jésus hors de la ville, et le menèrent jusqu'à un escarpement de la colline où leur ville est construite, pour le précipiter en bas. Mais lui, passant au milieu d'eux, allait son chemin.

Prière sur les offrandes

Fidèles à te servir, Seigneur, nous te présentons ces offrandes : transforme-les toi-même en sacrement de notre salut. Par le Christ, notre Seigneur. ***— Amen.***

Préface du Carême, p. 240.

Antienne de la communion

Louez le Seigneur, tous les peuples !
Son amour envers nous
s'est montré le plus fort.
(Ps 116, 1.2)

Prière après la communion

Que notre communion à ton sacrement, Seigneur, purifie chacun de nous, et réalise notre unité. Par le Christ, notre Seigneur. — ***Amen.***

Prière sur le peuple

Le prêtre peut dire la prière suivante :

Que ta droite, Seigneur, protège ton peuple en prière ; qu'elle le purifie et lui apprenne à mettre à profit la consolation reçue dès maintenant, pour avancer vers les biens à venir. Par le Christ, notre Seigneur. — ***Amen.***

INVITATION

Je peux réaliser le tressage d'une croix végétale, proposé dans le hors-série Pâques 2025, avec un enfant de mon entourage.

COMMENTAIRE

L'éloge de la simplicité

2 Rois 5, 1-15a ; Luc 4, 24-30

L'histoire de Naaman n'est pas seulement une preuve que Dieu n'est pas enfermé dans les frontières d'Israël, comme Jésus le pointe. Elle est aussi un éloge de ce qui est humble et simple. Ce sont les serviteurs qui perçoivent une vérité qui échappe aux grands de ce monde. Ici les cadeaux somptueux, les injonctions et les scènes spectaculaires ne sont pas de mise. Naaman doit « descendre » et « plonger ». ■

Jean-Marc Liautaud, *Fondacio*

MARDI 25 MARS 2025

COULEUR LITURGIQUE : BLANC

Annonciation du Seigneur

Antienne d'ouverture

Le Christ, en entrant dans le monde, dit :
« Me voici, mon Dieu ; je viens pour faire ta volonté. » (He 10, 5.7)

Gloire à Dieu *(p. 235)*

Prière

Seigneur Dieu, tu as voulu que ton Verbe prît chair en toute vérité dans le sein de la Vierge Marie ; puisque nous reconnaissons en lui notre Rédempteur, à la fois Dieu et homme, accorde-nous d'être participants de sa nature divine. Lui qui… ***— Amen.***

Lectures propres à la solennité de l'Annonciation du Seigneur.

Lecture

du livre du prophète Isaïe (7, 10-14 ; 8, 10)

« Voici que la vierge concevra »

En ces jours-là, le Seigneur parla ainsi au roi Acaz : « Demande pour toi un signe de la part du Seigneur ton Dieu, au fond du séjour des morts ou sur les sommets, là-haut. » Acaz répondit : « Non, je n'en demanderai pas, je ne mettrai pas le Seigneur à l'épreuve. » Isaïe dit

alors : « Écoutez, maison de David ! Il ne vous suffit donc pas de fatiguer les hommes : il faut encore que vous fatiguiez mon Dieu ! C'est pourquoi le Seigneur lui-même vous donnera un signe : Voici que la vierge est enceinte, elle enfantera un fils, qu'elle appellera Emmanuel, car Dieu est avec nous. »

– Parole du Seigneur.

Psaume 39 (40)

℟ ***Me voici, Seigneur, je viens faire ta volonté.***

Tu ne voulais ni offrande ni sacrifice,
tu as ouvert mes oreilles ;
tu ne demandais ni holocauste ni victime,
alors j'ai dit : « Voici, je viens. ℟

« Dans le livre, est écrit pour moi
ce que tu veux que je fasse.
Mon Dieu, voilà ce que j'aime :
ta loi me tient aux entrailles. » ℟

J'annonce la justice
dans la grande assemblée ;
vois, je ne retiens pas mes lèvres,
Seigneur, tu le sais. ℟

Je n'ai pas enfoui ta justice
au fond de mon cœur,
je n'ai pas caché ta fidélité, ton salut ;
j'ai dit ton amour et ta vérité
à la grande assemblée. ℟

MARDI 25 MARS 2025

Lecture

de la lettre aux Hébreux (10, 4-10)

« Me voici, je suis venu, mon Dieu, pour faire ta volonté,
ainsi qu'il est écrit de moi dans le Livre »

Frères, il est impossible que du sang de taureaux et de boucs enlève les péchés. Aussi, en entrant dans le monde, le Christ dit : *Tu n'as voulu ni sacrifice ni offrande, mais tu m'as formé un corps. Tu n'as pas agréé les holocaustes ni les sacrifices pour le péché ; alors, j'ai dit : Me voici, je suis venu, mon Dieu, pour faire ta volonté, ainsi qu'il est écrit de moi dans le Livre.* Le Christ commence donc par dire : *Tu n'as pas voulu ni agréé les sacrifices et les offrandes, les holocaustes et les sacrifices pour le péché*, ceux que la Loi prescrit d'offrir. Puis il déclare : *Me voici, je suis venu pour faire ta volonté.*

Ainsi, il supprime le premier état de choses pour établir le second. Et c'est grâce à cette volonté que nous sommes sanctifiés, par l'offrande que Jésus Christ a faite de son corps, une fois pour toutes.

– Parole du Seigneur.

Acclamation de l'Évangile

Gloire et louange à toi, Seigneur Jésus. Le Verbe s'est fait chair, il a habité parmi nous et nous avons vu sa gloire. ***Gloire et louange à toi, Seigneur Jésus.***

Évangile de Jésus Christ

selon saint Luc (1, 26-38)

« Voici que tu vas concevoir et enfanter un fils »

En ce temps-là, l'ange Gabriel fut envoyé par Dieu dans une ville de Galilée, appelée Nazareth, à une jeune fille vierge, accordée en mariage à un homme de la maison de David, appelé Joseph ; et le nom de la jeune fille était Marie. L'ange entra chez elle et dit : « Je te salue, Comblée-de-grâce, le Seigneur est avec toi. » À cette parole, elle fut toute bouleversée, et elle se demandait ce que pouvait signifier cette salutation. L'ange lui dit alors : « Sois sans crainte, Marie, car tu as trouvé grâce auprès de Dieu. Voici que tu vas concevoir et enfanter un fils ; tu lui donneras le nom de Jésus. Il sera grand, il sera appelé Fils du Très-Haut ; le Seigneur Dieu lui donnera le trône de David son père ; il régnera pour toujours sur la maison de Jacob, et son règne n'aura pas de fin. » Marie dit à l'ange : « Comment cela va-t-il se faire, puisque je ne connais pas d'homme ? » L'ange lui répondit : « L'Esprit Saint viendra sur toi, et la puissance du Très-Haut te prendra sous son ombre ; c'est pourquoi celui qui va naître sera saint, il sera appelé Fils de Dieu. Or voici que, dans sa vieillesse, Élisabeth, ta parente, a conçu, elle aussi, un fils et en est à son sixième mois, alors qu'on l'appelait la femme stérile. Car rien n'est impossible à Dieu. » Marie dit alors : « Voici la servante du Seigneur ; que tout m'advienne selon ta parole. » Alors l'ange la quitta.

Profession de foi *(p. 236)*

Prière sur les offrandes

Daigne accepter, Dieu tout-puissant, les dons offerts par ton Église : elle reconnaît son origine dans l'incarnation de ton Fils unique ; en ce jour de fête, qu'elle trouve sa joie à célébrer les mystères du Christ. Lui qui… — ***Amen.***

Prière eucharistique

(Préface de l'Annonciation)

Vraiment, il est juste et bon, pour ta gloire et notre salut, de t'offrir notre action de grâce, toujours et en tout lieu, Seigneur, Père très saint, Dieu éternel et tout-puissant, par le Christ, notre Seigneur. C'est lui qui pour sauver les hommes devait naître parmi les hommes, par la puissance de l'Esprit Saint qui couvrit Marie de son ombre ; c'est lui que le messager du ciel annonça à la Vierge, lui qu'elle accueillit dans la foi, lui qu'elle porta avec amour dans son corps immaculé. Il venait accomplir en vérité les promesses faites aux enfants d'Israël, combler, et même dépasser, l'espérance des nations. Par lui, les anges adorent ta majesté et se réjouissent en ta présence à jamais. À leur hymne de louange, laisse-nous joindre nos voix, pour chanter et proclamer : ***Saint ! Saint ! Saint…***

Antienne de la communion

Voici que la Vierge concevra,
et elle enfantera un fils ;
on lui donnera le nom d'Emmanuel.
(cf. Is 7, 14)

Prière après la communion

Nous t'en prions, Seigneur, affermis dans nos cœurs les mystères de la vraie foi ; puisque nous proclamons vrai Dieu et vrai homme celui qui a été conçu dans le sein de la Vierge, puissions-nous parvenir à la joie éternelle par la puissance de sa résurrection qui nous sauve. Lui qui… ***— Amen.***

INVITATION

En ce jour de l'Annonciation, je peux porter particulièrement dans ma prière les couples en désir d'enfants.

COMMENTAIRE

Mystère du don

Isaïe 7, 10-14 ; 8, 10 ; Hébreux 10, 4-10 ; Luc 1, 26-38

Les textes de ce jour parlent d'un mystère d'offrande gratuite qui sollicite de notre part une réception confiante. Dieu prend l'initiative de donner et de se donner : recevoir nous rend collaborateurs de sa générosité. Acaz rechigne devant cette expérience, alors que Marie l'accepte humblement. Au cœur de ce mystère se tient Jésus, qui a fait de son existence une offrande, en réponse au don reçu. ■

Jean-Marc Liautaud, **Fondacio**

MERCREDI 26 MARS 2025

3E SEMAINE DE CARÊME COULEUR LITURGIQUE : VIOLET

Temps du Carême, *messe de la férie*

Antienne d'ouverture

Que ta promesse assure mes pas :
qu'aucun mal ne triomphe de moi ! (Ps 118, 133)

Prière

Nous t'en prions, Seigneur, formés à l'école du Carême et nourris de ta parole, fais que nous soyons de tout cœur à ton service par notre effort de pénitence et toujours unanimes à te prier. Par Jésus… — ***Amen.***

Lecture

du livre du Deutéronome (4, 1.5-9)

« Vous garderez mes décrets, vous les mettrez en pratique »

Moïse disait au peuple : « Maintenant, Israël, écoute les décrets et les ordonnances que je vous enseigne pour que vous les mettiez en pratique. Ainsi vous vivrez, vous entrerez, pour en prendre possession, dans le pays que vous donne le Seigneur, le Dieu de vos pères. Voyez, je vous enseigne les décrets et les ordonnances que le Seigneur mon Dieu m'a donnés pour vous, afin que vous les mettiez en pratique dans le pays où vous allez entrer pour en prendre possession. Vous les garderez, vous les mettrez en pratique ; ils seront votre sagesse et votre intelligence

aux yeux de tous les peuples. Quand ceux-ci entendront parler de tous ces décrets, ils s'écrieront : "Il n'y a pas un peuple sage et intelligent comme cette grande nation !" Quelle est en effet la grande nation dont les dieux soient aussi proches que le Seigneur notre Dieu est proche de nous chaque fois que nous l'invoquons ? Et quelle est la grande nation dont les décrets et les ordonnances soient aussi justes que toute cette Loi que je vous donne aujourd'hui ? Mais prends garde à toi : garde-toi de jamais oublier ce que tes yeux ont vu ; ne le laisse pas sortir de ton cœur un seul jour. Enseigne-le à tes fils, et aux fils de tes fils. »

– Parole du Seigneur.

Psaume 147 (147B)

℟ ***Glorifie le Seigneur, Jérusalem ! Célèbre ton Dieu, ô Sion !***

Glorifie le Seigneur, Jérusalem !
Célèbre ton Dieu, ô Sion !
Il a consolidé les barres de tes portes,
dans tes murs il a béni tes enfants. ℟

Il envoie sa parole sur la terre :
rapide, son verbe la parcourt.
Il étale une toison de neige,
il sème une poussière de givre. ℟

Il révèle sa parole à Jacob,
ses volontés et ses lois à Israël.
Pas un peuple qu'il ait ainsi traité ;
nul autre n'a connu ses volontés. ℟

Acclamation de l'Évangile

Gloire à toi, Seigneur, Fils du Dieu vivant ! Tes paroles, Seigneur, sont esprit et elles sont vie. Tu as les paroles de la vie éternelle. ***Gloire à toi, Seigneur, Fils du Dieu vivant !***

MERCREDI 26 MARS 2025

Évangile de Jésus Christ

selon saint Matthieu (5, 17-19)

« Celui qui les observera et les enseignera, celui-là sera déclaré grand »

En ce temps-là, Jésus disait à ses disciples : « Ne pensez pas que je sois venu abolir la Loi ou les Prophètes : je ne suis pas venu abolir, mais accomplir. Amen, je vous le dis : Avant que le ciel et la terre disparaissent, pas un seul iota, pas un seul trait ne disparaîtra de la Loi jusqu'à ce que tout se réalise. Donc, celui qui rejettera un seul de ces plus petits commandements, et qui enseignera aux hommes à faire ainsi, sera déclaré le plus petit dans le royaume des Cieux. Mais celui qui les observera et les enseignera, celui-là sera déclaré grand dans le royaume des Cieux. »

Prière sur les offrandes

Nous t'en prions, Seigneur, accueille les supplications de ton peuple quand il te présente ce sacrifice ; et, par la célébration de tes mystères, protège-nous de tout danger. Par le Christ, notre Seigneur. ***— Amen.*** *Préface du Carême, p. 240.*

Antienne de la communion

Tu m'apprends le chemin de la vie :
devant ta face, débordement de joie,
Seigneur.

(cf. Ps 15, 11)

Prière après la communion

Que la nourriture prise à la table du ciel nous sanctifie, Seigneur ; après avoir effacé tous nos torts, qu'elle nous rende dignes de recevoir les promesses qui viennent de toi. Par le Christ, notre Seigneur. ***— Amen.***

Prière sur le peuple

Le prêtre peut dire la prière suivante :

Seigneur notre Dieu, accorde à ton peuple de vouloir ce que tu veux, car lorsque tu le rends capable d'accomplir tes préceptes, alors tu le combles de bienfaits. Par le Christ, notre Seigneur.

— Amen.

INVITATION

J'essaie de me remémorer les dix commandements donnés par Dieu à Moïse (Ex 20, 1-17). Je les accueille comme des balises jalonnant ma vie.
Je relis les commandements donnés par Jésus (Mt 22, 37-38).

COMMENTAIRE

613 commandements ! Deutéronome 4, 1. 5-9 ; Matthieu 5, 17-19

L'idée que Dieu parle par des lois imprègne la conscience biblique. L'humain bénéficie d'une Loi qui s'adresse à sa fragile liberté, alors que toutes les autres créatures suivent les décrets divins sans l'avoir choisi. C'est pourquoi Israël reçoit 613 commandements, perçus comme un cadre de sagesse et de justice. Matthieu présente Jésus comme celui qui en dévoile et en réalise la visée : une vie bonne à partager. ■

Jean-Marc Liautaud, *Fondacio*

JEUDI 27 MARS 2025

3E SEMAINE DE CARÊME COULEUR LITURGIQUE : VIOLET

Temps du Carême, *messe de la férie*

Antienne d'ouverture

Je suis le salut de mon peuple, dit le Seigneur, dans toutes les épreuves, s'il crie vers moi, je l'exaucerai ; je serai son Seigneur pour toujours.

Prière

Nous t'en supplions, Seigneur souverain : à mesure qu'approche le jour où nous fêterons notre salut, accorde-nous une plus grande générosité pour nous préparer à célébrer le mystère pascal. Par Jésus… ***— Amen.***

Lecture

du livre du prophète Jérémie (7, 23-28)

« Voilà bien la nation qui n'a pas écouté la voix du Seigneur son Dieu »

Ainsi parle le Seigneur : Voici l'ordre que j'ai donné à vos pères : « Écoutez ma voix : je serai votre Dieu, et vous, vous serez mon peuple ; vous suivrez tous les chemins que je vous prescris, afin que vous soyez heureux. » Mais ils n'ont pas écouté, ils n'ont pas prêté l'oreille, ils ont suivi les mauvais penchants de leur cœur endurci ; ils ont tourné leur dos et non leur visage. Depuis le jour où vos pères sont sortis du pays d'Égypte jusqu'à ce jour, j'ai envoyé vers vous, inlassablement, tous mes serviteurs les prophètes. Mais ils ne m'ont pas écouté, ils n'ont pas prêté

l'oreille, ils ont raidi leur nuque, ils ont été pires que leurs pères. Tu leur diras toutes ces paroles, et ils ne t'écouteront pas. Tu les appelleras, et ils ne te répondront pas. Alors, tu leur diras : « Voilà bien la nation qui n'a pas écouté la voix du Seigneur son Dieu, et n'a pas accepté de leçon ! La vérité s'est perdue, elle a disparu de leur bouche. » – Parole du Seigneur.

Psaume 94 (95)

℟ ***Aujourd'hui, ne fermez pas votre cœur, mais écoutez la voix du Seigneur.***

Venez, crions de j<u>o</u>ie pour le Seigneur,
acclamons notre Roch<u>e</u>r, notre salut !
Allons jusqu'à lu<u>i</u> en rendant grâce,
par nos hymnes de f<u>ê</u>te acclamons-le ! ℟

Entrez, inclinez-vo<u>u</u>s, prosternez-vous,
adorons le Seigne<u>u</u>r qui nous a faits.
Oui, il <u>e</u>st notre Dieu ;
nous sommes le pe<u>u</u>ple qu'il conduit. ℟

Aujourd'hui écouterez-vo<u>u</u>s sa parole ?
« Ne fermez pas votre cœ<u>u</u>r comme au désert,
comme au jour de tentati<u>o</u>n et de défi,
où vos pères m'ont tent<u>é</u> et provoqué. » ℟

Acclamation de l'Évangile

Gloire à toi, Seigneur, honneur, puissance et majesté ! Maintenant, dit le Seigneur, revenez à moi de tout votre cœur, car je suis tendre et miséricordieux. ***Gloire à toi, Seigneur, honneur, puissance et majesté !***

Évangile de Jésus Christ

selon saint Luc (11, 14-23)

« Celui qui n'est pas avec moi est contre moi »

En ce temps-là, Jésus expulsait un démon qui rendait un homme muet. Lorsque le démon fut sorti, le muet se mit à parler, et les foules furent dans l'admiration. Mais certains d'entre eux dirent : « C'est par Béelzéboul*, le chef des démons, qu'il expulse les démons. » D'autres, pour le mettre à l'épreuve, cherchaient à obtenir de lui un signe venant du ciel. Jésus, connaissant leurs pensées, leur dit : « Tout royaume divisé contre lui-même devient désert, ses maisons s'écroulent les unes sur les autres. Si Satan, lui aussi, est divisé contre lui-même, comment son royaume tiendra-t-il ? Vous dites en effet que c'est par Béelzéboul que j'expulse les démons. Mais si c'est par Béelzéboul que moi, je les expulse, vos disciples, par qui les expulsent-ils ? Dès lors, ils seront eux-mêmes vos juges. En revanche, si c'est par le doigt de Dieu que j'expulse les démons, c'est donc que le règne de Dieu est venu jusqu'à vous. Quand l'homme fort, et bien armé, garde son palais, tout ce qui lui appartient est en sécurité. Mais si un plus fort survient et triomphe de lui, il lui enlève son armement, auquel il se fiait, et il distribue tout ce dont il l'a dépouillé. Celui qui n'est pas avec moi est contre moi ; celui qui ne rassemble pas avec moi disperse. »

Prière sur les offrandes

Pour que les offrandes de ton peuple te soient agréables, Seigneur, préserve-nous de toute contagion du mal : ne permets pas qu'il s'attache à de fausses joies, lui que tu veux mener à ta vérité, promise en récompense. Par le Christ, notre Seigneur. **— *Amen.*** *Préface du Carême, p. 240.*

Antienne de la communion

Toi, tu promulgues des préceptes
à observer entièrement.
Puissent mes voies s'affermir
à observer tes commandements !
(Ps 118, 4-5)

Prière après la communion

Par ton secours, Dieu de bonté, relève ceux que tu réconfortes par tes sacrements, afin de recueillir les fruits de ton œuvre de salut dans ces mystères et dans toute notre conduite. Par le Christ, notre Seigneur. **— *Amen.***

Prière sur le peuple

Le prêtre peut dire la prière suivante :

Sûrs de ta miséricorde, nous implorons ta bonté, Seigneur : nous tenons de toi d'être ce que nous sommes ; de même, que ta grâce nous accorde à la fois de vouloir le bien et de pouvoir accomplir ce bien que nous voulons. Par le Christ, notre Seigneur. **— *Amen.***

INVITATION

C'est la Mi-Carême aujourd'hui. Où en suis-je de ma relation avec le Christ ?

COMMENTAIRE

Un peuple qui tourne le dos Jérémie 7, 23-28 ; Luc 11, 14-23

Jérémie expose aujourd'hui l'une des faces tragiques de l'expérience prophétique : Dieu ne cesse d'agir envers un peuple qui, étrangement, lui tourne le dos. C'est cette même expérience que fait Jésus face à ceux qui, devant ses miracles, en demandent davantage ou soupçonnent une tromperie venue du Malin. Le Carême nous est donné pour réaliser que ce mystère d'inadéquation concerne aussi les baptisés. ■

Jean-Marc Liautaud, *Fondacio*

❊ CLÉ DE LECTURE

« C'est par Béelzéboul » Luc 11, 14 *(p. 196)*

Ce débat au sujet des démons et de leur pouvoir sur les êtres humains peut nous paraître étrange, bien loin de nos représentations actuelles. Au Ier siècle, le monde juif a développé toute une angélologie, opposant les armées célestes de Dieu à des démons aux noms multiples : Béelzéboul, Bélial, Satan. Le combat fait rage et les hommes en sont l'enjeu. Mais ce que Jésus dénonce ici, c'est le mensonge premier qui consiste à attribuer à Dieu ou à ses serviteurs des actions démoniaques. C'est déjà l'*insinuation* de Satan dans le livre de la Genèse : et si Dieu nous trompait (cf. Gn 3)? C'est, jusqu'aujourd'hui, le triomphe impudique des contre-vérités et des *fake news*, le mensonge qui défigure la justice, se moque impunément des faibles et prétend parler au nom de Dieu même. ■ ***Roselyne Dupont-Roc,*** *bibliste*

Temps du Carême, *messe de la férie*

Antienne d'ouverture

**Aucun parmi les dieux n'est comme toi, Seigneur,
car tu es grand et tu fais des merveilles, toi, Dieu, le seul.** (cf. Ps 85, 8.10)

Prière

Seigneur, nous t'en prions : dans ta bonté, répands ta grâce en nos cœurs, délivre-nous des égarements de la faiblesse humaine et accorde-nous de nous attacher avec force à tes enseignements. Par Jésus… — ***Amen.***

Lecture

du livre du prophète Osée (14, 2-10)

« Nous ne dirons plus à l'ouvrage de nos mains : "Tu es notre Dieu" »

Ainsi parle le Seigneur : Reviens, Israël, au Seigneur ton Dieu ; car tu t'es effondré par suite de tes fautes. Revenez au Seigneur en lui présentant ces paroles : « Enlève toutes les fautes, et accepte ce qui est bon. Au lieu de taureaux, nous t'offrons en sacrifice les paroles de nos lèvres. Puisque les Assyriens ne peuvent pas nous sauver, nous ne monterons plus sur des chevaux, et nous ne dirons plus à l'ouvrage de nos mains : "Tu es notre Dieu", car de toi seul l'orphelin reçoit de la tendresse. »
Voici la réponse du Seigneur : Je les guérirai de leur infidélité, je les

aimerai d'un amour gratuit, car ma colère s'est détournée d'Israël. Je serai pour Israël comme la rosée, il fleurira comme le lis, il étendra ses racines comme les arbres du Liban. Ses jeunes pousses vont grandir, sa parure sera comme celle de l'olivier, son parfum, comme celui de la forêt du Liban. Ils reviendront s'asseoir à son ombre, ils feront revivre le froment, ils fleuriront comme la vigne, ils seront renommés comme le vin du Liban. Éphraïm ! Peux-tu me confondre avec les idoles ? C'est moi qui te réponds et qui te regarde. Je suis comme le cyprès toujours vert, c'est moi qui te donne ton fruit.
Qui donc est assez sage pour comprendre ces choses, assez pénétrant pour les saisir ? Oui, les chemins du Seigneur sont droits : les justes y avancent, mais les pécheurs y trébuchent.
– Parole du Seigneur.

Psaume 80 (81)

℟ ***C'est moi, le Seigneur ton Dieu, écoute ma voix.***

J'entends des mots qui m'étaient inconnus :
« J'ai ôté le poids qui chargeait ses épaules ;
ses mains ont déposé le fardeau.
Quand tu criais sous l'oppression,
je t'ai sauvé. ℟

« Je répondais, caché dans l'orage,
je t'éprouvais près des eaux de Mériba.

Écoute, je t'adjure, ô mon peuple ;
vas-tu m'écouter, Israël ? ℟

« Tu n'auras pas chez toi d'autres dieux,
tu ne serviras aucun dieu étranger.
C'est moi, le Seigneur ton Dieu,
qui t'ai fait monter
de la terre d'Égypte ! ℟

« Ah ! Si mon peuple m'écoutait,
Israël, s'il allait sur mes chemins !

Je le nourrirais de la fleur du froment,
je le rassasierais avec le miel du rocher ! » ℟

Acclamation de l'Évangile

Ta parole, Seigneur, est vérité, et ta loi, délivrance. Convertissez-vous, dit le Seigneur, car le royaume des Cieux est tout proche. ***Ta parole, Seigneur, est vérité, et ta loi, délivrance.***

Évangile de Jésus Christ

selon saint Marc (12, 28b-34)

« Le Seigneur notre Dieu est l'unique Seigneur : tu l'aimeras »

En ce temps-là, un scribe s'avança vers Jésus pour lui demander : « Quel est le premier de tous les commandements ? » Jésus lui fit cette réponse : « Voici le premier : *Écoute, Israël : le Seigneur notre Dieu est l'unique Seigneur. Tu aimeras le Seigneur ton Dieu de tout ton cœur, de toute ton âme, de tout ton esprit et de toute ta force*. Et voici le second : *Tu aimeras ton prochain comme toi-même*. Il n'y a pas de commandement plus grand que ceux-là. » Le scribe reprit : « Fort bien*, Maître, tu as dit vrai : Dieu est l'Unique et il n'y en a pas d'autre que lui. L'aimer de tout son cœur, de toute son intelligence, de toute sa force, et aimer son prochain comme soi-même, vaut mieux que toute offrande d'holocaustes et de sacrifices. » Jésus, voyant qu'il avait fait une remarque judicieuse, lui dit : « Tu n'es pas loin du royaume de Dieu. » Et personne n'osait plus l'interroger.

VENDREDI 28 MARS 2025

Prière sur les offrandes

Jette un regard bienveillant, Seigneur, sur les offrandes que nous te consacrons ; qu'elles te soient agréables, et nous apportent toujours le salut. Par le Christ, notre Seigneur. — ***Amen.*** *Préface du Carême, p. 240.*

Antienne de la communion

Aimer Dieu de tout son cœur
et son prochain comme soi-même
vaut mieux que tous les sacrifices.
(cf. Mc 12, 33)

Prière après la communion

Que la puissance de ton action, Seigneur, imprègne nos esprits et nos corps ; ce que nous avons déjà reçu en participant au sacrement, puissions-nous le posséder dans la plénitude du salut. Par le Christ, notre Seigneur.
— ***Amen.***

Prière sur le peuple

Le prêtre peut dire la prière suivante :

Regarde favorablement, Seigneur, tes fidèles qui implorent ta miséricorde ; et comme ils mettent leur confiance en ta tendresse, puissent-ils répandre en tout lieu les dons de ta charité. Par le Christ, notre Seigneur. — ***Amen.***

INVITATION

Je rends grâce pour les fois où je me suis surpris à aimer mon prochain.

COMMENTAIRE

Relativiser le système

Marc 12, 28b-34

Jésus et ce scribe partagent une même conception de la religion : ils relativisent le culte pour privilégier l'union entre amour de Dieu et amour du prochain. Cet échange situe Jésus au cœur des débats érudits de son temps. Mais surtout, ayant lieu dans le Temple, il en dévoile la relativité. C'est pourquoi plus personne n'ose l'interroger : son enseignement met trop en lumière la fragilité du système. ■

Jean-Marc Liautaud, *Fondacio*

❊ CLÉ DE LECTURE

« Fort bien »

Marc 12, 32 *(p. 201)*

La position respective des interlocuteurs surprend : c'est le scribe qui félicite ici le maître ! Le scribe ne vient pas interroger Jésus pour apprendre ce qu'il sait lui-même, mais pour vérifier que Jésus est bien en consonance avec la foi fondamentale d'Israël. Matthieu et Luc en seront à ce point gênés qu'ils inverseront les rôles, Jésus interrogeant le scribe ou le légiste pour noter sa juste compréhension du cœur de la Loi juive. Marc est plus radical : Jésus s'inscrit dans une tradition dont il a reçu le meilleur et l'essentiel : l'amour du Dieu unique qui le définit tout entier est inséparable de l'amour du prochain. Tout est dit. Augustin pourra affirmer : « Le Nouveau Testament est caché dans l'Ancien, l'Ancien est révélé dans le Nouveau ». ■

Roselyne Dupont-Roc, *bibliste*

SAMEDI 29 MARS 2025

3E SEMAINE DE CARÊME COULEUR LITURGIQUE : VIOLET

Temps du Carême, *messe de la férie*

Antienne d'ouverture

Bénis le Seigneur, ô mon âme, n'oublie aucun de ses bienfaits,
car il pardonne toutes tes offenses.
(Ps 102, 2-3)

Prière

En célébrant avec joie, chaque année, ce temps de Carême, nous te prions, Seigneur : puisque nous vivons déjà du mystère de Pâques, accorde-nous le bonheur d'en goûter pleinement les fruits. Par Jésus… ***— Amen.***

Lecture

du livre du prophète Osée (6, 1-6)

« Je veux la fidélité, non le sacrifice »

Venez, retournons vers le Seigneur ! il a blessé, mais il nous guérira ; il a frappé, mais il nous soignera. Après deux jours, il nous rendra la vie ; il nous relèvera* le troisième jour : alors, nous vivrons devant sa face. Efforçons-nous de connaître le Seigneur : son lever est aussi sûr que l'aurore ; il nous viendra comme la pluie, l'ondée qui arrose la terre. – Que ferai-je de toi, Éphraïm ? Que ferai-je de toi, Juda ? Votre fidélité, une brume du matin, une rosée d'aurore qui s'en va. Voilà pourquoi j'ai frappé

par mes prophètes, donné la mort par les paroles de ma bouche : mon jugement jaillit comme la lumière. Je veux la fidélité, non le sacrifice, la connaissance de Dieu plus que les holocaustes. – Parole du Seigneur.

Psaume 50 (51)

℟ ***Tu veux la fidélité, Seigneur, non le sacrifice.***

Pitié pour moi, mon Dieu, dans ton amour,
selon ta grande miséricorde,
efface mon péché.
Lave-moi tout entier de ma faute,
purifie-moi de mon offense. ℟

Si j'offre un sacrifice, tu n'en veux pas,
tu n'acceptes pas d'holocauste.
Le sacrifice qui plaît à Dieu,
c'est un esprit brisé ;
tu ne repousses pas, ô mon Dieu,
un cœur brisé et broyé. ℟

Accorde à Sion le bonheur,
relève les murs de Jérusalem.
Alors tu accepteras de justes sacrifices,
oblations et holocaustes sur ton autel. ℟

Acclamation de l'Évangile

Tes paroles, Seigneur, sont esprit et elles sont vie. Aujourd'hui, ne fermez pas votre cœur, mais écoutez la voix du Seigneur. ***Tes paroles, Seigneur, sont esprit et elles sont vie.***

Évangile de Jésus Christ

selon saint Luc (18, 9-14)

« Le publicain était devenu un homme juste, plutôt que l'autre »

En ce temps-là, à l'adresse de certains qui étaient convaincus d'être justes et qui méprisaient les autres, Jésus dit la parabole que voici : « Deux hommes montèrent au Temple pour prier. L'un était pharisien, et l'autre, publicain (c'est-à-dire un collecteur d'impôts). Le pharisien se tenait debout et priait en lui-même : "Mon Dieu, je te rends grâce parce que je ne suis pas comme les autres hommes – ils sont voleurs, injustes, adultères –, ou encore comme ce publicain. Je jeûne deux fois par semaine et je verse le dixième de tout ce que je gagne." Le publicain, lui, se tenait à distance et n'osait même pas lever les yeux vers le ciel ; mais il se frappait la poitrine, en disant : "Mon Dieu, montre-toi favorable au pécheur que je suis !" Je vous le déclare : quand ce dernier redescendit dans sa maison, c'est lui qui était devenu un homme juste, plutôt que l'autre. Qui s'élève sera abaissé ; qui s'abaisse sera élevé. »

Prière sur les offrandes

Seigneur Dieu, c'est toi qui nous donnes la grâce d'approcher de tes mystères avec un cœur purifié ; nous t'en prions : lorsque nous célébrerons le jour où tu les as transmis, accorde-nous de pouvoir t'offrir le culte qui te revient. Par le Christ, notre Seigneur. ***— Amen.***

Préface du Carême, p. 240.

Antienne de la communion

Le publicain se tenait à distance
et se frappait la poitrine en disant :
« Mon Dieu, montre-toi favorable
au pécheur que je suis ! »
(cf. Lc 18, 13)

Prière après la communion

Dieu de miséricorde, tu ne cesses de nous combler par tes sacrements : donne-nous de les célébrer avec respect et de les recevoir toujours dans un esprit de foi. Par le Christ, notre Seigneur. **— *Amen.***

Prière sur le peuple

Le prêtre peut dire la prière suivante :

À tes fidèles, Seigneur, tends une main secourable, afin qu'ils te cherchent de tout leur cœur et méritent de voir exaucées leurs justes demandes. Par le Christ, notre Seigneur. **— *Amen.***

INVITATION

Les catéchumènes vivent les scrutins en ces dimanches de Carême.
S'il y en a dans ma paroisse, je pourrai les entourer de ma prière et leur offrir une croix, par exemple.

COMMENTAIRE

Sans comparaison

Luc 18, 9-14

Le problème de ce pharisien n'est pas de remercier Dieu mais de prendre appui sur l'image déplorable qu'il a des autres pour « s'élever lui-même ». Dieu lui sert d'alibi pour conforter un idéal de soi, alimenté par la comparaison. Le publicain, lui, ne se compare à personne. Il se place en vérité sous le regard de Dieu. C'est son « ajustement » relationnel qui permet à Dieu de le « rendre juste ». ■

***Jean-Marc Liautaud**, Fondacio*

❊ CLÉ DE LECTURE

« Il nous relèvera »

Osée 6, 2 *(p. 204)*

Les chrétiens ont très tôt compris ces quelques versets comme une anticipation de la foi pharisienne en la résurrection des morts, car les pharisiens, les premiers, ont employé le verbe « relever » pour l'évoquer. Osée était loin de ce type de croyance. Mais en décrivant le geste de Dieu aussi fidèle que l'aurore qui guérira et relèvera les siens, Osée met en place un vocabulaire et des représentations qui resteront indépassables. Le troisième jour est, dans la tradition ancienne, le jour où Dieu intervient de façon décisive pour relever, redonner la vie, une vie désormais droite et confiante sous son regard aimant. Dans la foi des chrétiens, la présence de Dieu qui ne cesse de relever et de recréer continue à se dire en termes de « résurrection ». ■

***Roselyne Dupont-Roc**, bibliste*

DIMANCHE 30 MARS 2025

4E DIMANCHE DE CARÊME

ANNÉE C – COULEUR LITURGIQUE : VIOLET

« Il fallait festoyer et se réjouir ;
car ton frère que voilà était mort,
et il est revenu à la vie. » Luc 15, 32

« Laissez-vous réconcilier avec Dieu. » En ce dimanche de la joie, de *Laetare,* la supplication de l’apôtre Paul résonne très justement en ce temps de la réconciliation qu’est le Carême. Car le Père de miséricorde se réjouit de notre retour à lui, et il fait de nous les témoins de cette joie du pardon qui ouvre l’avenir. Célébrons le jubilé !

RITES INITIAUX

Chant d'entrée *(Suggestions p. 260)*
OU
Antienne d'ouverture
Réjouis-toi, Jérusalem ; vous tous qui l'aimez, rassemblez-vous.
Jubilez de sa joie, vous qui étiez dans la tristesse ;
alors vous exulterez, vous serez rassasiés de consolation.
(cf. Is 66, 10-11)

Suggestion de préparation pénitentielle *(ou p. 233)*
Frères et sœurs, chaque dimanche nous sommes appelés, en Église, à revenir vers le Père pour implorer son pardon. Que le Christ, qui a donné sa vie pour nos péchés, guide notre prière.

Seigneur Jésus, toi qui fais bon accueil aux pécheurs, tu écoutes notre supplication. Kyrie, eleison.
– Kyrie, eleison.
Ô Christ, toi qui as été identifié au péché pour nous, tu nous révèles le pardon. Christe, eleison. ***– Christe, eleison.***
Seigneur, toi qui réconcilies le monde par ta croix, tu nous conduis vers la vie. Kyrie, eleison.
– Kyrie, eleison.

Que Dieu tout-puissant nous fasse miséricorde ; qu'il nous pardonne nos péchés et nous conduise à la vie éternelle. ***– Amen.***

Pendant le Carême, on omet le Gloire à Dieu.

Prière

Seigneur Dieu, par ton Verbe incarné, tu as merveilleusement réconcilié avec toi le genre humain ; accorde au peuple chrétien de se hâter avec un amour généreux et une foi ardente au-devant des fêtes pascales qui approchent. Par Jésus… ***— Amen.***

LITURGIE DE LA PAROLE

On peut privilégier, ce 4e dimanche de Carême, les lectures de l'année A dans les communautés où des adultes se préparent au baptême (1 S 16, 1b.6-7.10-13a ; Ep 5, 8-14 ; Jn 9, 1-41).

Lecture du livre de Josué (5, 9a.10-12)

L'arrivée du peuple de Dieu en Terre promise et la célébration de la Pâque

En ces jours-là, le Seigneur dit à Josué : « Aujourd'hui, j'ai enlevé de vous le déshonneur de l'Égypte. » Les fils d'Israël campèrent à Guilgal et célébrèrent la Pâque le quatorzième jour du mois, vers le soir, dans la plaine de Jéricho. Le lendemain de la Pâque, en ce jour même, ils mangèrent les produits de cette terre : des pains sans levain et des épis grillés. À partir de ce jour, la manne cessa de tomber, puisqu'ils mangeaient des produits de la terre. Il n'y avait plus de manne pour les fils d'Israël, qui mangèrent cette année-là ce qu'ils récoltèrent sur la terre de Canaan. – Parole du Seigneur.

Psaume 33 (34)

℟ ***Goûtez et voyez comme est bon le Seigneur !***

T. : AELF ; M. : T. Ospital ; Éd. : ADF.

Je bénirai le Seigneur en tout temps,
sa louange sans cesse à mes lèvres.
Je me glorifierai dans le Seigneur :
que les pauvres m'entendent et soient en fête ! ℟

Magnifiez avec moi le Seigneur,
exaltons tous ensemble son nom.
Je cherche le Seigneur, il me répond :
de toutes mes frayeurs, il me délivre. ℟

Qui regarde vers lui resplendira,
sans ombre ni trouble au visage.
Un pauvre crie ; le Seigneur entend :
il le sauve de toutes ses angoisses. ℟

Écoutez ce psaume sur
www.prionseneglise.fr/messe-du-dimanche

Lecture de la deuxième lettre de saint Paul apôtre aux Corinthiens (5, 17-21)

« Dieu nous a réconciliés avec lui par le Christ »

Frères, si quelqu'un est dans le Christ, il est une créature nouvelle. Le monde ancien s'en est allé, un monde nouveau est déjà né. Tout cela vient de Dieu : il nous a réconciliés avec lui par le Christ, et il nous a donné le ministère de la réconciliation. Car c'est bien Dieu qui, dans le Christ, réconciliait le monde avec lui : il n'a pas tenu compte des fautes, et il a déposé en nous la parole de la réconciliation. Nous sommes donc les ambassadeurs du Christ, et par nous c'est Dieu lui-même qui lance un appel : nous le demandons au nom du Christ, laissez-vous réconcilier avec Dieu. Celui qui n'a pas connu le péché, Dieu l'a pour nous identifié au péché, afin qu'en lui nous devenions justes de la justice même de Dieu.

– Parole du Seigneur.

Acclamation de l'Évangile

Gloire et louange à toi, Seigneur Jésus ! Je me lèverai, j'irai vers mon père, et je lui dirai : Père, j'ai péché contre le ciel et envers toi. ***Gloire et louange à toi, Seigneur Jésus !***

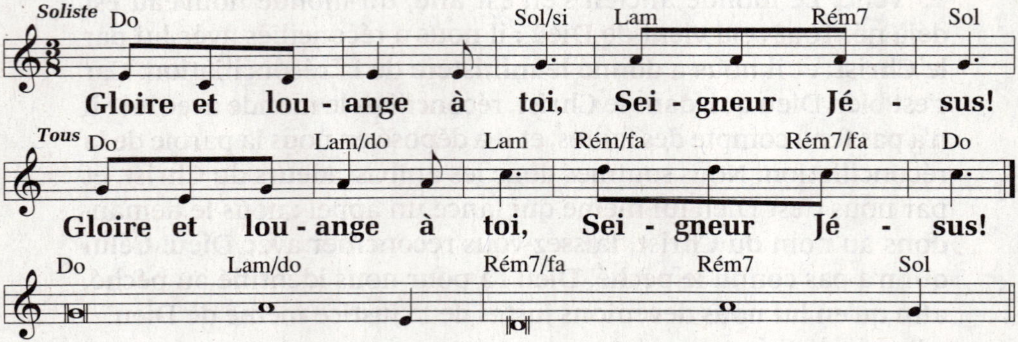

U77-01 ; T. : AELF ; M. : P. Robert ; ADF-Musique.

Évangile de Jésus Christ selon saint Luc (15, 1-3.11-32)

« Ton frère que voilà était mort, et il est revenu à la vie »

En ce temps-là, les publicains et les pécheurs venaient tous à Jésus pour l'écouter. Les pharisiens et les scribes récriminaient contre lui : « Cet homme fait bon accueil aux pécheurs, et il mange avec eux ! » Alors Jésus leur dit cette parabole : « Un homme avait deux fils. Le plus jeune dit à son père : "Père, donne-moi la part de fortune qui me revient." Et le père leur partagea

ses biens. Peu de jours après, le plus jeune rassembla tout ce qu'il avait, et partit pour un pays lointain où il dilapida sa fortune en menant une vie de désordre. Il avait tout dépensé, quand une grande famine survint dans ce pays, et il commença à se trouver dans le besoin. Il alla s'engager auprès d'un habitant de ce pays, qui l'envoya dans ses champs garder les porcs. Il aurait bien voulu se remplir le ventre avec les gousses que mangeaient les porcs, mais personne ne lui donnait rien. Alors il rentra en lui-même et se dit : "Combien d'ouvriers de mon père ont du pain en abondance, et moi, ici, je meurs de faim ! Je me lèverai, j'irai vers mon père, et je lui dirai : Père, j'ai péché contre le ciel et envers toi. Je ne suis plus digne d'être appelé ton fils. Traite-moi comme l'un de tes ouvriers." Il se leva et s'en alla vers son père.

« Comme il était encore loin, son père l'aperçut et fut saisi de compassion ; il courut se jeter à son cou et le couvrit de baisers. Le fils lui dit : "Père, j'ai péché contre le ciel et envers toi. Je ne suis plus digne d'être appelé ton fils." Mais le père dit à ses serviteurs : "Vite, apportez le plus beau vêtement pour l'habiller, mettez-lui une bague au doigt et des sandales aux pieds, allez chercher le veau gras, tuez-le, mangeons et festoyons, car mon fils que voilà était mort, et il est revenu à la vie ; il était perdu, et il est retrouvé." Et ils commencèrent à festoyer.

« Or le fils aîné était aux champs. Quand il revint et fut près de la maison, il entendit la musique et les danses. Appelant un des serviteurs, il s'informa de ce qui se passait. Celui-ci répondit : "Ton frère est arrivé, et ton père a tué le veau gras, parce qu'il a retrouvé ton frère en bonne santé." Alors le fils aîné se mit en colère, et il refusait d'entrer. Son père sortit le supplier. Mais il répliqua à son père : "Il y a tant d'années que je suis à ton service sans avoir jamais transgressé tes ordres, et jamais tu ne m'as donné un chevreau pour festoyer avec mes amis. Mais, quand ton fils que voilà est revenu après avoir dévoré ton bien avec des prostituées, tu as fait tuer pour lui le veau gras !" Le père répondit : "Toi, mon enfant, tu es toujours avec moi, et tout ce qui est à moi est à toi. Il fallait festoyer et se réjouir ; car ton frère que voilà était mort, et il est revenu à la vie ; il était perdu, et il est retrouvé !" »

Homélie

Profession de foi *(p. 236)*

Suggestion de prière universelle

Le prêtre :

Sûrs de notre foi, demandons à Dieu, notre Père de miséricorde, de restaurer la dignité des exclus. Prions-le pour le monde entier.

℟ ***Écoute nos prières, Seigneur, exauce-nous !***

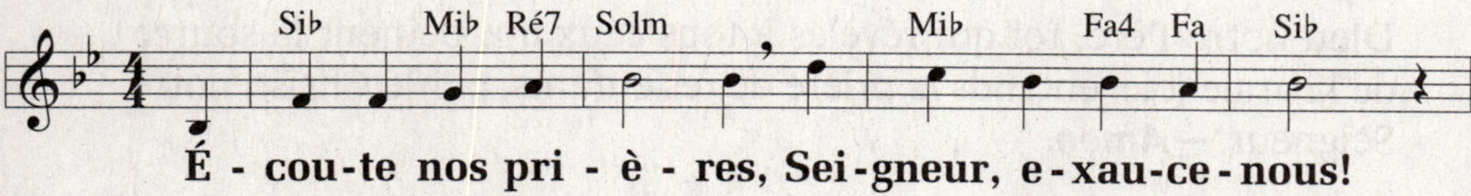

A 180 Éd. Pierre Zech; T. : J.-P. Lécot; M. : J.-S. Bach (Chants notés, t. 6, p. 36)

Le diacre ou un lecteur :

Prions pour les évêques et les prêtres, ministres de la réconciliation. Qu'ils témoignent de la miséricorde envers tous les hommes. Dieu notre Père, nous t'en supplions. ℟

Prions pour notre monde fracturé par les injustices et les guerres. Que les dirigeants des grandes nations favorisent un monde plus juste et plus humain. Dieu de justice, nous t'en supplions. ℟

Prions pour les familles divisées par la haine ou éprouvées par la maladie d'un des leurs. Que l'amour soit le plus fort et apaise toutes les tensions. Dieu d'amour, nous t'en supplions. ℟

Prions pour les enfants de notre communauté paroissiale qui, en chemin vers leur première communion, vivent leur premier pardon. Qu'ils témoignent de leur joie autour d'eux. Dieu de vie, nous t'en supplions. ℟

(Ces intentions seront adaptées ou modifiées selon les circonstances. On peut aussi s'inspirer de l'intention universelle du Saint-Père, p. 6.)

Le prêtre :

Dieu notre Père, toi qui révèles à tous ceux qui peinent la source de la vraie joie, entends la prière de tes enfants, par le Christ, notre Seigneur. ***— Amen.***

LITURGIE EUCHARISTIQUE

Prière sur les offrandes

Seigneur, nous te présentons dans la joie l'eucharistie qui assure la guérison éternelle, et nous te prions humblement : accorde-nous de la vénérer avec foi et de l'offrir avec respect pour le salut du monde. Par le Christ, notre Seigneur. ***— Amen.***

Prière eucharistique *(1re ou 2e préface du Carême, p. 240)*

ou lorsque l'évangile de l'aveugle-né (Jn 9, 1-41) a été lu :

Vraiment, il est juste et bon, pour ta gloire et notre salut, de t'offrir notre action de grâce, toujours et en tout lieu, Seigneur, Père très saint, Dieu éternel et tout-puissant, par le Christ, notre Seigneur. Par le mystère de son Incarnation, il a guidé vers la clarté de la foi l'humanité qui marchait dans les ténèbres; et par le bain qui fait renaître, il a élevé à la dignité de fils, en les adoptant, ceux qui étaient nés esclaves du péché. C'est pourquoi le ciel et la terre t'adorent; ils te chantent le cantique nouveau, et nous-mêmes, unissant notre voix à celle des anges, nous t'acclamons : ***Saint! Saint! Saint…***

Chant de communion *(Suggestions p. 260)*

OU

Antienne de la communion

Quand on a lu l'évangile de l'enfant prodigue (Lc 15, 1-3. 11-32) :

Il faut te réjouir, mon fils, car ton frère qui était mort
est revenu à la vie; il était perdu, et il est retrouvé!
(cf. Lc 15, 32)

Quand on a lu l'évangile de l'aveugle-né (Jn 9, 1-41) :

Le Seigneur a mis de la boue sur mes yeux, je suis allé me laver,
j'ai vu, et j'ai cru en Dieu.
(cf. Jn 9, 11.38)

Prière après la communion

Dieu qui éclaires tout homme venant dans ce monde, nous t'en prions, illumine nos cœurs par la splendeur de ta grâce : que nos pensées soient toujours dignes de toi, et accordées à ta grandeur, et qu'ainsi nous puissions t'aimer sincèrement. Par le Christ, notre Seigneur. ***— Amen.***

Prière sur le peuple

Le prêtre peut dire la prière suivante :

Protège, Seigneur, ceux qui te supplient, soutiens les faibles, fais revivre sans cesse par ta lumière ceux qui marchent dans les ténèbres de la mort, et accorde à ceux que ton amour a délivrés de tout mal de parvenir aux biens suprêmes. Par le Christ, notre Seigneur. — ***Amen.***

RITE DE CONCLUSION

Bénédiction

Envoi

COMMENTAIRE DU DIMANCHE

Vincent Leclercq, prêtre assomptionniste

La joie du retour

Le Carême est un temps de conversion et de joie. Ce dimanche célèbre la joie de la conversion – autant celle du pécheur revenant vers Dieu que notre propre conversion lorsqu'il s'agit de changer notre vision de Dieu.

Jésus rencontre des pécheurs et les pharisiens en sont scandalisés. Celui qui mange avec eux ne peut être que complice du péché et partager leur impureté. Confronté à l'accusation, Jésus ne se justifie pas. Il nous montre le vrai visage du Père.

Le cadet revendique sa part d'héritage. Il veut s'éloigner du père et mener une vie bien à lui. Il anticipe sa disparition et s'émancipe de son autorité. Ayant tout perdu, il décide de revenir à la maison, sans se douter que le père l'attend pour lui donner le vêtement, l'anneau de l'alliance et des sandales pour poursuivre son •••

••• chemin. Il est restauré dans sa dignité d'homme mais plus encore dans sa dignité de fils. Dieu n'est pas un juge qui sanctionne nos écarts mais un père plein d'amour qui attend patiemment notre retour.
Comme les pharisiens au sujet de Jésus, le fils aîné a aussi besoin de convertir sa vision du père. Il est l'aîné obéissant et fidèle. Mais il se révèle incapable de goûter sa présence et de reconnaître son amour pour lui. Le père est encore obligé de sortir à sa rencontre. Ce ne sont pas ses œuvres qui le font vivre mais la tendresse du père. Puisse-t-il aussi entrer dans la joie du salut.

Nous sommes sans doute les deux fils de la parabole.
Quelle est notre joie en lisant cet évangile ?
Le Seigneur est celui qui m'aime plus que je n'ai jamais été aimé, cela m'aide-t-il à vivre autrement ma foi ? ■

Prions en Eglise junior

LIRE L'ÉVANGILE AVEC LES ENFANTS

CE QUE JE DÉCOUVRE

Qu'elle est grande, la joie du père, quand son fils revient à la maison ! Comme le fils s'est éloigné de lui et de son amour, le père l'imagine perdu, malheureux dans son cœur, seul dans sa vie… ou mort, peut-être ? Alors, il faut célébrer son retour par la fête. Rien n'est trop beau pour lui. Son éloignement est oublié. **Seule compte la joie de le revoir.** Jésus veut ici nous faire comprendre que l'amour de Dieu le Père est plus grand que tout. **Il ne faut pas avoir peur de revenir vers lui : nous serons toujours accueillis à bras ouverts.**

CE QUE JE VIS

Est-ce difficile pour toi de reconnaître quand tu as tort ? As-tu du mal à demander pardon au Seigneur ? **Demande à Jésus de t'aider à voir le fond de ton cœur sans avoir peur de ne plus être aimé.**

Texte : Patricia Metzger. Illustrations : Marcelino Truong.

MÉDITATION BIBLIQUE

4E DIMANCHE DE CARÊME

Évangile selon saint Luc 15, 1-3.11-32

Une créature nouvelle

Le Carême oriente nos regards vers la grâce pascale, à savoir le renouvellement de toutes choses et plus encore de nous-mêmes (cf. 2 Co 5, 17). Une nouveauté à laquelle il nous appartient de nous ajuster au quotidien.

Le temps de la préparation

« Je cherche le Seigneur, il me répond. » (Ps 33, 5)

Le temps de l'observation

Jésus nous donne à contempler, par le biais d'une parabole, l'amour inconditionnel de Dieu en ce qu'il ne se laisse pas décourager par les refus, les rejets, l'indifférence. Cette représentation du Père est déjà présente dans l'Ancien Testament où, Osée, entre autres, nous apprend que le propre de Dieu est précisément la miséricorde : « Vais-je t'abandonner […] ? Non ! Mon cœur se retourne contre moi […]. Je n'agirai pas selon l'ardeur de ma colère […] car moi, je suis Dieu, et non pas homme : au milieu de vous, je suis le Dieu saint » (Os 11, 9). Nous savons en outre que l'un des termes hébreux pour dire l'amour est formé sur la même racine que le mot désignant les entrailles de la femme. Autant dire que l'amour de Dieu est créateur et recréateur, qu'il ouvre un avenir toujours neuf. Une réalité qu'il est parfois difficile d'accueillir pour soi-même, et plus encore quand il s'agit des autres. C'est toute la problématique du livre de Jonas : comment accepter que Dieu pardonne aux nations qui ont persécuté Israël ?

Le temps de la méditation

La parabole ne nous dit pas si le fils cadet a gardé des stigmates de sa vie de désordre. Si le Christ ressuscité se présente avec ses plaies de crucifié, il paraît peu vraisemblable qu'un être humain ressorte totalement indemne de ses errances, lesquelles résultent d'un faisceau de facteurs : certains susceptibles de changements, d'autres non. Le pardon, notons-le, n'est pas oubli, il est don au-delà du don. Il est opportunité, ouverture d'un chemin de conversion et d'un ajustement progressif au vêtement de fête et à la bague-sceau qui marquent notre appartenance au Christ. Les limites, les fragilités peuvent alors devenir le lieu où Dieu se révèle : « Ma puissance donne toute sa mesure dans la faiblesse » (2 Co 12, 9). Mais pas sans notre bon vouloir ! Ainsi que l'écrit Maurice Zundel à propos du pardon, nous ne sommes plus liés par notre passé : « La vie de tous les jours est toute neuve si l'on veut bien l'enraciner à nouveau en Dieu par un acte authentique de foi et d'amour » *(Je ne crois pas en Dieu, je le vis).*

Le temps de la prière

« Bénis le Seigneur,
ô mon âme. » (Ps 103, 1) ■

Emmanuelle Billoteau, ermite

30 - 31

LA VIE EN PHOTO

L'HEURE D'ÉTÉ

La bonne heure du bonheur

Tu ne connais ni le jour ni l'heure, toi non plus, mais peut-être seras-tu comme moi, à l'heure qui viendra. Peut-être auras-tu l'élan de réclamer une heure, rien qu'une heure de plus pour goûter et savourer ce que de la vie tu n'auras déployé. Une heure, rien qu'une heure. Pas seulement une heure de plus : les heures supplémentaires, c'est pour les travailleurs. Non, juste une heure, une heure de rien. Une heure de vide. Une heure de contemplation. Une heure d'éveil, en somme, arrachée à nos sommeils. Bonne nouvelle : dans le hasard des horloges françaises, nous est offert une heure de plus pour notre éveil ! C'est la bonne heure du bonheur. Alors vite, en ce jour de printemps tout frais, que ton âme fende les eaux du sommeil et se délecte de cette heure nouvelle. Et ainsi de chaque heure qui s'offre. Cela s'appelle l'éternité. Et en ce pays, le rosé et l'or logent en notre cœur et nulle horloge n'est plus à régler ! ■

Thierry Lemoine, *poète*

« Veillez donc, car vous ne savez ni le jour ni l'heure. »

Matthieu 25, 13

Lac Daumesnil, bois de Vincennes, Paris (XIIe).

LUNDI 31 MARS 2025

4E SEMAINE DE CARÊME COULEUR LITURGIQUE : VIOLET

Temps du Carême, *messe de la férie*

Antienne d'ouverture

Moi, je mettrai mon espérance dans le Seigneur.
J'exulterai et je me réjouirai en ta miséricorde
car tu as regardé ma misère. (Ps 30, 7b-8)

Prière

Seigneur Dieu, tu renouvelles ce monde par la force inexprimable de tes sacrements ; fais que ton Église progresse par ces moyens de salut et ne manque jamais de tes secours ici-bas. Par Jésus… — ***Amen.***

Lecture

du livre du prophète Isaïe (65, 17-21)

« On n'y entendra plus de pleurs ni de cris »

Ainsi parle le Seigneur : Oui, voici : je vais créer un ciel nouveau et une terre nouvelle, on ne se souviendra plus du passé, il ne reviendra plus à l'esprit. Soyez plutôt dans la joie, exultez sans fin pour ce que je crée. Car je vais recréer Jérusalem, pour qu'elle soit exultation, et que son peuple devienne joie. J'exulterai en Jérusalem, je trouverai ma joie dans mon peuple. On n'y entendra plus de pleurs ni de cris. Là, plus de nourrisson emporté en quelques jours, ni d'homme qui ne parvienne au bout

de sa vieillesse ; le plus jeune mourra centenaire, ne pas atteindre cent ans sera malédiction. On bâtira des maisons, on y habitera ; on plantera des vignes, on mangera leurs fruits.
– Parole du Seigneur.

Psaume 29 (30)

℟ ***Je t'exalte, Seigneur : tu m'as relevé.***

Je t'exalte, Seigne<u>u</u>r : tu m'as relevé.
Quand j'ai crié vers t<u>o</u>i, Seigneur.
Seigneur, tu m'as fait remont<u>e</u>r de l'abîme
et revivre quand je descend<u>a</u>is à la fosse. ℟

Fêtez le Seigneur, vo<u>u</u>s, ses fidèles,
rendez grâce en rappel<u>a</u>nt son nom très saint.
Sa colère ne dure qu'un instant,
sa bont<u>é</u>, toute la vie ;
avec le soir, viennent les larmes,
mais au mat<u>i</u>n, les cris de joie. ℟

Et j'ai crié vers t<u>o</u>i, Seigneur,
j'ai suppli<u>é</u> mon Dieu.
Tu as changé mon de<u>u</u>il en une danse.
Que sans fin, Seigneur, mon Dieu,
je te r<u>e</u>nde grâce ! ℟

Acclamation de l'Évangile

Ta parole, Seigneur, est vérité, et ta loi, délivrance. Cherchez le bien, non le mal, afin de vivre. Ainsi le Seigneur sera avec vous. ***Ta parole, Seigneur, est vérité, et ta loi, délivrance.***

Évangile de Jésus Christ

selon saint Jean (4, 43-54)

« Va, ton fils est vivant »

En ce temps-là, après avoir passé deux jours chez les Samaritains, Jésus partit de là pour la Galilée. – Lui-même avait témoigné qu'un prophète n'est pas considéré dans son propre pays. Il arriva donc en Galilée ; les Galiléens lui firent bon accueil, car ils avaient vu tout ce qu'il avait fait à Jérusalem pendant la fête de la Pâque, puisqu'ils étaient allés eux aussi à cette fête. Ainsi donc Jésus revint à Cana de Galilée, où il avait changé l'eau en vin.

Or, il y avait un fonctionnaire royal, dont le fils était malade à Capharnaüm. Ayant appris que Jésus arrivait de Judée en Galilée, il alla le trouver ; il lui demandait de descendre à Capharnaüm pour guérir son fils qui était mourant. Jésus lui dit : « Si vous ne voyez pas de signes et de prodiges, vous ne croirez donc pas ! » Le fonctionnaire royal lui dit : « Seigneur, descends, avant que mon enfant ne meure ! » Jésus lui répond : « Va, ton fils est vivant. » L'homme crut à la parole que Jésus lui avait dite et il partit. Pendant qu'il descendait, ses serviteurs arrivèrent à sa rencontre et lui dirent que son enfant était vivant. Il voulut savoir à quelle heure il s'était trouvé mieux. Ils lui dirent : « C'est hier, à la septième heure (au début de l'après-midi), que la fièvre l'a quitté. » Le père se rendit compte que c'était justement l'heure où Jésus lui avait dit : « Ton fils est vivant. » Alors il crut, lui, ainsi que tous les gens de sa maison.

Tel fut le second signe* que Jésus accomplit lorsqu'il revint de Judée en Galilée.

Prière sur les offrandes

Fais-nous recueillir, Seigneur, les fruits de l'offrande qui t'est consacrée, afin que, purifiés de la dégradation liée à notre condition terrestre, nous soyons renouvelés par nos progrès dans la vie spirituelle. Par le Christ, notre Seigneur. **— *Amen.***

Préface du Carême, p. 240.

Antienne de la communion

Je mettrai en vous mon esprit,
je ferai que vous marchiez selon
mes lois, que vous gardiez mes
préceptes et leur soyez fidèles,
déclare le Seigneur.
(Ez 36, 27)

Prière après la communion

Que tes sacrements, nous t'en prions, Seigneur, nous renouvellent et nous fassent revivre ; qu'ils nous sanctifient et nous conduisent ainsi aux biens éternels. Par le Christ, notre Seigneur.
— *Amen.*

Prière sur le peuple

Le prêtre peut dire la prière suivante :

Donne à ton peuple, Seigneur, d'être renouvelé à l'intérieur et à l'extérieur, et, puisque tu ne veux pas qu'il se laisse arrêter par les plaisirs du corps, fais-lui trouver sa force dans le chemin spirituel que tu lui proposes. Par le Christ, notre Seigneur.
— *Amen.*

INVITATION

Je peux prier pour les évêques qui se réunissent cette semaine à Lourdes pour leur assemblée plénière.

COMMENTAIRE

Sur une parole — Jean 4, 43-54

Des signes, Jésus en a donnés à Cana, en Samarie. Mais faut-il des signes pour croire ? À nouveau, à Cana, un troisième jour, un second signe voire une annonce pascale. Sur une parole, avec cet homme éploré, comme tant d'autres aujourd'hui, la vie est redonnée ! Il s'agit de se mettre en route, sans attendre, malgré tout, sur la parole du Vivant. La laisser résonner jusqu'au fond de nos abîmes pour nous en faire remonter. ■

Colette Hamza, *xavière*

✻ CLÉ DE LECTURE

« Le second signe » — Jean 4, 54 *(p. 230)*

« Le second signe » de Cana est-il bien différent du premier ? Un élément attire l'attention. Comme lors du repas de noces (Jn 2, 11), il s'agit de « signe ». Là où nous utilisons le mot « miracle », Matthieu, Marc et Luc parlent d'« actes de puissance » *(« dunameis »),* Jean de « signe ». Un signe renvoie au-delà de lui-même, il a fonction de révéler. La première partie de l'évangile de Jean est souvent appelée « livre des signes », car chaque rencontre invite les interlocuteurs de Jésus à découvrir un peu plus qui il est. Cela n'est possible que s'ils posent un acte de confiance : la foi est ce moment où, devant le signe, chacun doit se décider pour reconnaître ou non en Jésus la puissance agissante de Dieu, maître de toute bénédiction et de toute vie. ■

Roselyne Dupont-Roc, *bibliste*

Liturgie de la messe

RITES INITIAUX

Le chant d'entrée achevé, le prêtre et les fidèles, debout, font le signe de la croix, tandis que le prêtre, tourné vers le peuple, dit :

Au nom du Père, et du Fils, et du Saint-Esprit.

Le peuple répond :

— Amen.

Salutation

La grâce de Jésus, le Christ, notre Seigneur, l'amour de Dieu le Père, et la communion de l'Esprit Saint soient toujours avec vous.

— Et avec votre esprit.

Ou bien : Que la grâce et la paix de Dieu notre Père et du Seigneur Jésus, le Christ, soient toujours avec vous.

— Et avec votre esprit.

Ou bien : Le Seigneur soit avec vous.

— Et avec votre esprit.

Acte pénitentiel

Frères et sœurs, préparons-nous à célébrer le mystère de l'eucharistie, en reconnaissant que nous avons péché.

(1) Je confesse à Dieu tout-puissant, je reconnais devant vous, frères et sœurs, que j'ai péché en pensée, en parole, par action et par omission ; oui, j'ai vraiment péché. C'est pourquoi je supplie la bienheureuse Vierge Marie, les anges et tous les saints, et vous aussi, frères et sœurs, de prier pour moi le Seigneur notre Dieu.

(2) Prends pitié de nous, Seigneur. ***— Nous avons péché contre toi.***
Montre-nous, Seigneur, ta miséricorde. ***— Et donne-nous ton salut.***

(3) Seigneur Jésus, envoyé pour guérir les cœurs qui reviennent vers toi :
Seigneur, prends pitié. ***— Seigneur, prends pitié.***
Ô Christ, venu appeler les pécheurs : ô Christ, prends pitié.
— Ô Christ, prends pitié.
Seigneur, qui sièges à la droite du Père où tu intercèdes pour nous :
Seigneur, prends pitié. ***— Seigneur, prends pitié.***

Que Dieu tout-puissant nous fasse miséricorde ; qu'il nous pardonne nos péchés et nous conduise à la vie éternelle. ***— Amen.***

Ensuite, on chante ou on dit le Kyrie eleison (Seigneur, prends pitié), à moins qu'il n'ait été déjà employé dans une formule de l'acte pénitentiel (c'est le cas de la précédente).

Kyrie, eleison. ***— Kyrie, eleison.***
Christe, eleison. ***— Christe, eleison.***
Kyrie, eleison. ***— Kyrie, eleison.***
ou bien : Seigneur, prends pitié. ***— Seigneur, prends pitié.***
Ô Christ, prends pitié. ***— Ô Christ, prends pitié.***
Seigneur, prends pitié. ***— Seigneur, prends pitié.***

Gloire à Dieu

Gloire à Dieu, au plus haut des cieux, et paix sur la terre aux hommes,
qu'il aime. Nous te louons, nous te bénissons, nous t'adorons,
nous te glorifions, nous te rendons grâce, pour ton immense gloire,
Seigneur Dieu, Roi du ciel, Dieu le Père tout-puissant.
Seigneur, Fils unique, Jésus Christ, Seigneur Dieu,
Agneau de Dieu, le Fils du Père ;
toi qui enlèves les péchés du monde, prends pitié de nous ;
toi qui enlèves les péchés du monde, reçois notre prière ;
toi qui es assis à la droite du Père, prends pitié de nous.
Car toi seul es Saint, toi seul es Seigneur, toi seul es le Très-Haut :
Jésus Christ, avec le Saint-Esprit dans la gloire de Dieu le Père. Amen.

Gloria in excelsis Deo et in terra pax hominibus bonæ voluntatis. Laudamus te, benedicimus te, adoramus te, glorificamus te, gratias agimus tibi propter magnam gloriam tuam, Domine Deus, Rex cælestis, Deus Pater omnipotens. Domine Fili unigenite, Iesu Christe, Domine Deus, Agnus Dei, Filius Patris, qui tollis peccata mundi, miserere nobis ; qui tollis peccata mundi, suscipe deprecationem nostram.
Qui sedes ad dexteram Patris, miserere nobis.
Quoniam tu solus Sanctus, tu solus Dominus, tu solus Altissimus,
Iesu Christe, cum Sancto Spiritu : in gloria Dei Patris. Amen.

Prière d'ouverture

Voir à la date du jour.

LITURGIE DE LA PAROLE

Voir à la date du jour.

Profession de foi

Symbole de Nicée-Constantinople

Je crois en un seul Dieu, le Père tout-puissant,
créateur du ciel et de la terre, de l'univers visible et invisible.
Je crois en un seul Seigneur, Jésus Christ, le Fils unique de Dieu,
né du Père avant tous les siècles : il est Dieu, né de Dieu,
lumière née de la lumière, vrai Dieu, né du vrai Dieu,
engendré, non pas créé, consubstantiel au Père, et par lui tout a été fait.
Pour nous les hommes, et pour notre salut, il descendit du ciel ;
par l'Esprit Saint, il a pris chair de la Vierge Marie, et s'est fait homme.
Crucifié pour nous sous Ponce Pilate,
il souffrit sa passion et fut mis au tombeau.
Il ressuscita le troisième jour, conformément aux Écritures,
et il monta au ciel ; il est assis à la droite du Père.
Il reviendra dans la gloire, pour juger les vivants et les morts ;
et son règne n'aura pas de fin.
Je crois en l'Esprit Saint, qui est Seigneur et qui donne la vie ;
il procède du Père et du Fils ; avec le Père et le Fils,
il reçoit même adoration et même gloire ; il a parlé par les prophètes.
Je crois en l'Église, une, sainte, catholique et apostolique.
Je reconnais un seul baptême pour le pardon des péchés.
J'attends la résurrection des morts, et la vie du monde à venir. Amen.

Credo in unum Deum, Patrem omnipotentem,
Factorem cœli et terræ, visibilium omnium et invisibilium.
Et in unum Dominum Iesum Christum, Filium Dei unigenitum,
et ex Patre natum ante omnia sæcula.
Deum de Deo, lumen de lumine, Deum verum de Deo vero, genitum,
non factum, consubstantialem Patri : per quem omnia facta sunt.
Qui propter nos homines et propter nostram salutem descendit de cœlis.
Et incarnatus est de Spiritu Sancto ex Maria Virgine, et homo factus est.
Crucifixus etiam pro nobis sub Pontio Pilato ;
passus et sepultus est, et resurrexit tertia die, secundum Scripturas,
et ascendit in cœlum, sedet ad dexteram Patris.
Et iterum venturus est cum gloria, iudicare vivos et mortuos,
cuius regni non erit finis.
Et in Spiritum Sanctum, Dominum et vivificantem :
qui ex Patre Filioque procedit.
Qui cum Patre et Filio simul adoratur et conglorificatur :
qui locutus est per prophetas.
Et unam, sanctam, catholicam et apostolicam Ecclesiam.
Confiteor unum baptisma in remissionem peccatorum.
Et exspecto resurrectionem mortuorum, et vitam venturi sæculi.
Amen.

Symbole des Apôtres

Je crois en Dieu, le Père tout-puissant, créateur du ciel et de la terre.
Et en Jésus Christ, son Fils unique, notre Seigneur,
qui a été conçu du Saint-Esprit, est né de la Vierge Marie,
a souffert sous Ponce Pilate, a été crucifié, est mort et a été enseveli,
est descendu aux enfers, le troisième jour est ressuscité des morts,
est monté aux cieux, est assis à la droite de Dieu le Père tout-puissant,
d'où il viendra juger les vivants et les morts.
Je crois en l'Esprit Saint, à la sainte Église catholique,
à la communion des saints, à la rémission des péchés,
à la résurrection de la chair, à la vie éternelle. Amen.

Prière universelle

LITURGIE EUCHARISTIQUE

Préparation des dons

Tu es béni, Seigneur, Dieu de l'univers : nous avons reçu de ta bonté le pain que nous te présentons, fruit de la terre et du travail des hommes ; il deviendra pour nous le pain de la vie. ***—Béni soit Dieu, maintenant et toujours !***

Comme cette eau se mêle au vin pour le sacrement de l'Alliance, puissions-nous être unis à la divinité de celui qui a voulu prendre notre humanité.

Tu es béni, Seigneur, Dieu de l'univers : nous avons reçu de ta bonté le vin que nous te présentons, fruit de la vigne et du travail des hommes ; il deviendra pour nous le vin du Royaume éternel.

—Béni soit Dieu, maintenant et toujours !

Le cœur humble et contrit, nous te supplions, Seigneur, accueille-nous : que notre sacrifice, en ce jour, trouve grâce devant toi, Seigneur notre Dieu. Lave-moi de mes fautes, Seigneur, et purifie-moi de mon péché.

Prière sur les offrandes

Priez, frères et sœurs : que mon sacrifice, qui est aussi le vôtre, soit agréable à Dieu le Père tout-puissant.

— Que le Seigneur reçoive de vos mains ce sacrifice à la louange et à la gloire de son nom, pour notre bien et celui de toute l'Église.

Ou bien :

Prions ensemble, au moment d'offrir le sacrifice de toute l'Église.

— Pour la gloire de Dieu et le salut du monde.

Prière eucharistique

Le Seigneur soit avec vous. ***— Et avec votre esprit.***

Élevons notre cœur. ***— Nous le tournons vers le Seigneur.***

Rendons grâce au Seigneur notre Dieu. ***— Cela est juste et bon.***

Préfaces

5e préface des dimanches

La Création

Vraiment, il est juste et bon, pour ta gloire et notre salut, de t'offrir notre action de grâce, toujours et en tout lieu, Seigneur, Père très saint, Dieu éternel et tout-puissant. Toi, le Créateur de tous les éléments du monde, Maître des temps et de l'histoire, tu as formé l'homme à ton image et lui as soumis l'univers et ses merveilles ; tu lui as confié ta création afin qu'il en soit le gardien et qu'en admirant ton œuvre il ne cesse de te rendre grâce, par le Christ, notre Seigneur. C'est pourquoi nous te louons avec tous les anges et, dans la joie, nous te célébrons en proclamant : ***Saint ! Saint ! Saint…***

1re préface du Carême

La signification spirituelle du Carême

Vraiment, il est juste et bon, pour ta gloire et notre salut, de t'offrir notre action de grâce, toujours et en tout lieu, Seigneur, Père très saint, Dieu éternel et tout-puissant, par le Christ, notre Seigneur. Car chaque année, tu accordes à tes fidèles de se préparer aux fêtes pascales dans la joie d'un cœur purifié ; de sorte qu'en s'adonnant à une prière plus fervente et à une charité plus active, fidèles aux sacrements qui les ont fait renaître, ils soient comblés de la grâce que tu réserves à tes enfants. C'est pourquoi, avec les anges et les archanges, avec les puissances d'en haut et tous les esprits bienheureux, nous chantons l'hymne de ta gloire et sans fin nous proclamons : ***Saint ! Saint ! Saint…***

2e préface du Carême

L'esprit de pénitence

Vraiment, il est juste et bon, pour ta gloire et notre salut, de t'offrir notre action de grâce, toujours et en tout lieu, Seigneur, Père très saint, Dieu éternel et tout-puissant. Tu offres à tes enfants ce temps de grâce pour qu'ils retrouvent la pureté du cœur, afin que, l'esprit libéré des passions mauvaises, ils travaillent à ce monde qui passe, en s'attachant surtout aux réalités qui demeurent. C'est pourquoi, avec les saints et tous les anges, nous te louons et sans fin nous proclamons : ***Saint ! Saint ! Saint…***

3e préface du Carême

Les bienfaits de l'abstinence

Vraiment, il est juste et bon, pour ta gloire et notre salut, de t'offrir notre action de grâce, toujours et en tout lieu, Seigneur, Père très saint, Dieu éternel et tout-puissant. Tu as voulu que nous te rendions grâce par nos privations : elles rabaissent notre orgueil de pécheurs et nous invitent à suivre l'exemple de ta bonté en nous faisant partager avec ceux qui ont faim. C'est pourquoi, avec les anges innombrables, d'une seule voix nous célébrons ta louange en proclamant : ***Saint ! Saint ! Saint...***

4e préface du Carême

Les bienfaits du jeûne

Vraiment, il est juste et bon, pour ta gloire et notre salut, de t'offrir notre action de grâce, toujours et en tout lieu, Seigneur, Père très saint, Dieu éternel et tout-puissant. Car tu veux par notre jeûne et nos privations, réprimer nos penchants mauvais, élever nos esprits, nous donner la force et enfin la récompense, par le Christ, notre Seigneur. Par lui, les anges célèbrent ta grandeur, et les esprits bienheureux adorent ta gloire ; par lui s'inclinent devant toi les puissances d'en haut et tressaillent d'une même allégresse les innombrables créatures des cieux. À leur hymne de louange, laisse-nous joindre nos voix pour chanter et proclamer : ***Saint ! Saint ! Saint...***

2e préface de la Vierge Marie

L'Église loue Dieu avec les paroles de Marie

Vraiment, Père très saint, il est juste et bon, pour ta gloire et notre salut, de te proclamer admirable dans le triomphe de tous les saints, et, plus encore, de dire la grandeur de ta bonté pour fêter la bienheureuse Vierge Marie, en reprenant son cantique d'action de grâce. Oui, tu as fait des merveilles pour la terre entière et tu as étendu ta miséricorde à tous les âges, en choisissant ton humble servante pour donner au monde le Sauveur, ton Fils, le Seigneur Jésus Christ. Par lui, les anges adorent ta majesté et se réjouissent en ta présence à jamais. À leur hymne de louange, laisse-nous joindre nos voix pour chanter et proclamer : ***Saint ! Saint ! Saint…***

2e préface des saints

Le rôle des saints

Vraiment, il est juste et bon, pour ta gloire et notre salut, de t'offrir notre action de grâce, toujours et en tout lieu, Seigneur, Père très saint, Dieu éternel et tout-puissant, par le Christ, notre Seigneur. Tu ne cesses de fortifier ton Église, et tu lui donnes une fécondité nouvelle par la foi admirable dont témoignent les saints ; tu nous présentes en eux des signes très sûrs de ton amour. Et pour que s'accomplissent les mystères du salut, le rayonnement de leur exemple nous stimule, et leur intercession fervente nous assure un appui. C'est pourquoi, avec les anges et tous les saints, nous te louons, Seigneur, et nous exultons de joie en proclamant :

Saint ! Saint ! Saint,
le Seigneur, Dieu de l'univers !
Le ciel et la terre
sont remplis de ta gloire.
Hosanna au plus haut des cieux.
Béni soit celui qui vient
au nom du Seigneur.
Hosanna au plus haut des cieux.

Sanctus, Sanctus, Sanctus
Dominus Deus Sabaoth.
Pleni sunt cœli et terra gloria tua.
Hosanna in excelsis.
Benedictus qui venit
in nomine Domini.
Hosanna in excelsis.

• *Prière eucharistique* **1**
« Toi, Père très aimant… » .... *p. 243*
• *Prière eucharistique* **2**
« Toi qui es vraiment saint… » .... *p. 247*
• *Prière eucharistique* **3**
« Tu es vraiment saint… » .... *p. 250*
• *Prière eucharistique* **4**
« Père très saint… » .... *p. 253*

Prière eucharistique nº 1

(Préfaces : p. 239)

Toi, Père très aimant, nous te prions et te supplions par Jésus Christ, ton Fils, notre Seigneur, d'accepter et de bénir ✠ ces dons, ces offrandes, sacrifice pur et saint, que nous te présentons avant tout pour ta sainte Église catholique : accorde-lui la paix et protège-la, daigne la rassembler dans l'unité et la gouverner par toute la terre ; nous les présentons en union avec ton serviteur notre pape N., notre évêque N., et tous ceux qui gardent fidèlement la foi catholique reçue des Apôtres.

Souviens-toi, Seigneur, de tes serviteurs et de tes servantes (de N. et de N.), et de tous ceux qui sont ici réunis, dont tu connais la foi et l'attachement. Nous t'offrons pour eux, ou ils t'offrent pour eux-mêmes et tous les leurs ce sacrifice de louange, pour leur propre rédemption, pour la paix, et le salut qu'ils espèrent ; ils te rendent cet hommage, à toi, Dieu éternel, vivant et vrai.

(1) **En semaine :**

• Unis dans une même communion, vénérant d'abord la mémoire de la bienheureuse Marie toujours vierge, Mère de notre Dieu et Seigneur, Jésus Christ, •••

(2) **Le dimanche :**

• Unis dans une même communion, nous célébrons le jour où le Christ est ressuscité d'entre les morts ; et vénérant d'abord la mémoire de la bienheureuse Marie toujours vierge, Mère de notre Dieu et Seigneur, Jésus Christ, •••

3) **Pour l'Annonciation du Seigneur :**

Unis dans une même communion, nous célébrons le jour où, par l'Esprit Saint, la Vierge Marie a conçu ton Fils éternel ; et vénérant d'abord la mémoire de cette

Vierge bienheureuse, la Mère de notre Dieu et Seigneur, Jésus Christ, •••

••• et celle de saint Joseph, son époux, des bienheureux Apôtres et martyrs Pierre et Paul, André, [Jacques et Jean, Thomas, Jacques et Philippe, Barthélemy et Matthieu, Simon et Jude, Lin, Clet, Clément, Sixte, Corneille et Cyprien, Laurent, Chrysogone, Jean et Paul, Côme et Damien,] et de tous les saints, nous t'en supplions : accorde-nous, par leur prière et leurs mérites, d'être toujours et partout, forts de ton secours et de ta protection. [Par le Christ, notre Seigneur. Amen.]

Voici donc l'offrande que nous présentons devant toi, nous, tes serviteurs, et ta famille entière : Seigneur, dans ta bienveillance, accepte-la. Assure toi-même la paix de notre vie, arrache-nous à la damnation éternelle et veuille nous admettre au nombre de tes élus. [Par le Christ, notre Seigneur. Amen.]

Seigneur Dieu, nous t'en prions, daigne bénir et accueillir cette offrande, accepte-la pleinement, rends-la parfaite et digne de toi : qu'elle devienne pour nous le corps et le sang de ton Fils bien-aimé, Jésus, le Christ, notre Seigneur.

La veille de sa passion, il prit le pain dans ses mains très saintes et, les yeux levés au ciel, vers toi, Dieu, son Père tout-puissant, en te rendant grâce il dit la bénédiction, il rompit le pain, et le donna à ses disciples, en disant : **« Prenez, et mangez-en tous :** ceci est mon corps livré pour vous. » De même, après le repas, il prit cette coupe incomparable dans ses mains très saintes ; et, te rendant grâce à nouveau, il dit la bénédiction, et donna la coupe à ses disciples, en disant : **« Prenez, et buvez-en tous**, car ceci est la coupe de mon sang, le sang de l'Alliance nouvelle et éternelle, qui sera versé pour vous et pour la multitude en rémission des péchés. Vous ferez cela en mémoire de moi. »

(1) Il est grand, le mystère de la foi :
— Nous annonçons ta mort, Seigneur Jésus, nous proclamons ta résurrection, nous attendons ta venue dans la gloire.
(2) Acclamons le mystère de la foi :
— Quand nous mangeons ce pain et buvons à cette coupe, nous annonçons ta mort, Seigneur ressuscité, et nous attendons que tu viennes.
(3) Qu'il soit loué, le mystère de la foi :
— Sauveur du monde, sauve-nous ! Par ta croix et ta résurrection, tu nous as libérés.
ou : Proclamons le mystère de la foi :
— Gloire à toi qui étais mort, gloire à toi qui es vivant, notre Sauveur et notre Dieu : viens, Seigneur Jésus !
Mysterium fidei.
(1) – *Mortem tuam annuntiamus, Domine, et tuam resurrectionem confitemur, donec venias.*
(2) – *Quotiescumque manducamus panem hunc et calicem bibimus, mortem tuam annuntiamus, Domine, donec venias.*
(3) – *Salvator mundi, salva nos, qui per crucem et resurrectionem tuam liberasti nos.*

Voilà pourquoi nous, tes serviteurs, et ton peuple saint avec nous, faisant mémoire de la passion bienheureuse de ton Fils, Jésus, le Christ, notre Seigneur, de sa résurrection du séjour des morts et de sa glorieuse ascension dans le ciel, nous te présentons, Dieu de gloire et de majesté, cette offrande prélevée sur les biens que tu nous donnes, le sacrifice pur et saint, le sacrifice parfait, pain de la vie éternelle et coupe du salut. Et comme il t'a plu d'accueillir les présents de ton serviteur Abel le Juste, le sacrifice d'Abraham, notre père dans la foi, et celui que t'offrit Melkisédek, ton grand prêtre, oblation sainte et immaculée, regarde ces offrandes avec amour et, dans ta bienveillance, accepte-les. Nous t'en supplions, Dieu tout-puissant : qu'elles soient portées par les mains de ton saint Ange en présence de ta gloire, sur ton autel céleste, afin qu'en recevant ici, par notre communion à l'autel, le corps et le sang très saints de ton Fils, nous soyons comblés de la grâce et de toute bénédiction du ciel. [Par le Christ, notre Seigneur. Amen.]

Souviens-toi aussi, Seigneur, de tes serviteurs et de tes servantes (de N. et N.) qui nous ont précédés, marqués du signe de la foi, et qui dorment dans la paix. Pour eux et pour tous ceux qui reposent dans le Christ, nous implorons ta bonté, Seigneur : qu'ils demeurent dans la joie, la lumière et la paix. [Par le Christ, notre Seigneur. Amen.]

Et nous pécheurs, tes serviteurs, qui mettons notre espérance en ta miséricorde inépuisable, admets-nous dans la communauté des saints Apôtres et martyrs, avec Jean Baptiste, Étienne, Matthias et Barnabé, [Ignace, Alexandre, Marcellin et Pierre, Félicité et Perpétue, Agathe, Lucie, Agnès, Cécile, Anastasie,] et tous les saints ; nous t'en prions, accueille-nous dans leur compagnie, sans nous juger sur le mérite mais en accordant largement ton pardon. Par le Christ, notre Seigneur. Par lui, tu ne cesses de créer tous ces biens, tu les sanctifies, leur donnes la vie, les bénis, et nous en fais le don.

Par lui, avec lui et en lui, à toi, Dieu le Père tout-puissant, dans l'unité du Saint-Esprit, tout honneur et toute gloire, pour les siècles des siècles.

— Amen.

Vient ensuite le rite de la communion, p. 257.

Prière eucharistique n° 2

(On peut aussi choisir une autre préface.)

Vraiment, Père très saint, il est juste et bon, pour ta gloire et notre salut, de t'offrir notre action de grâce, toujours et en tout lieu, par ton Fils bien-aimé, Jésus, le Christ : il est ta parole par qui tu as créé toutes choses ; c'est lui que tu nous as envoyé comme Rédempteur et Sauveur, Dieu fait homme, conçu de l'Esprit Saint, né de la Vierge Marie. Pour accomplir jusqu'au bout ta volonté et rassembler un peuple saint qui t'appartienne, il étendit les mains à l'heure de sa passion, afin de briser la mort, et de manifester la résurrection. C'est pourquoi, avec les anges et tous les saints, nous chantons ta gloire, et d'une seule voix nous proclamons :

Saint ! Saint ! Saint, le Seigneur,
Dieu de l'univers ! Le ciel et la terre
sont remplis de ta gloire.
Hosanna au plus haut des cieux.
Béni soit celui qui vient
au nom du Seigneur.
Hosanna au plus haut des cieux.

(Voir p. 242 pour la version latine.)

(1) En semaine :

• Toi qui es vraiment saint, toi qui es la source de toute sainteté, Seigneur, nous te prions : •••

(2) Le dimanche :

• Toi qui es vraiment saint, toi qui es la source de toute sainteté, Dieu notre Père, nous voici rassemblés devant toi, et, dans la communion de toute l'Église, nous célébrons le jour où le Christ est ressuscité d'entre les morts. Par lui que tu as élevé à ta droite, nous te prions : •••

3) Pour l'Annonciation du Seigneur :

Toi qui es vraiment saint, toi qui es la source de toute sainteté, Dieu notre Père, nous voici rassemblés devant toi et, dans la communion de toute l'Église,

Prière eucharistique nº 2

nous célébrons le jour où, par l'Esprit Saint, la Vierge Marie a conçu ton Fils éternel. Par lui, qui est devenu notre Sauveur, nous te prions : •••

••• Sanctifie ces offrandes en répandant sur elles ton Esprit ; qu'elles deviennent pour nous le corps et ✢ le sang de Jésus, le Christ, notre Seigneur.

Au moment d'être livré et d'entrer librement dans sa passion, il prit le pain, il rendit grâce, il le rompit et le donna à ses disciples, en disant :
« **Prenez, et mangez-en tous** : ceci est mon corps livré pour vous. »
De même, après le repas, il prit la coupe ; de nouveau il rendit grâce, et la donna à ses disciples, en disant :
« **Prenez, et buvez-en tous,** car ceci est la coupe de mon sang, le sang de l'Alliance nouvelle et éternelle, qui sera versé pour vous et pour la multitude en rémission des péchés. Vous ferez cela en mémoire de moi. »

(1) Il est grand, le mystère de la foi :
— Nous annonçons ta mort, Seigneur Jésus, nous proclamons ta résurrection, nous attendons ta venue dans la gloire.

(2) Acclamons le mystère de la foi :
— Quand nous mangeons ce pain et buvons à cette coupe, nous annonçons ta mort, Seigneur ressuscité, et nous attendons que tu viennes.

(3) Qu'il soit loué, le mystère de la foi :
— Sauveur du monde, sauve-nous ! Par ta croix et ta résurrection, tu nous as libérés.
ou :
Proclamons le mystère de la foi :
— Gloire à toi qui étais mort, gloire à toi qui es vivant, notre Sauveur et notre Dieu : viens, Seigneur Jésus !
(Voir p. 245 pour la version latine.)

Prière eucharistique nº 2

En faisant ainsi mémoire de la mort et de la résurrection de ton Fils, nous t'offrons, Seigneur, le pain de la vie et la coupe du salut, et nous te rendons grâce, car tu nous as estimés dignes de nous tenir devant toi pour te servir. Humblement, nous te demandons qu'en ayant part au corps et au sang du Christ, nous soyons rassemblés par l'Esprit Saint en un seul corps.

Souviens-toi, Seigneur, de ton Église répandue à travers le monde : fais-la grandir dans ta charité en union avec notre pape N., notre évêque N., et tous les évêques, les prêtres et les diacres.

Souviens-toi aussi de nos frères et sœurs qui se sont endormis dans l'espérance de la résurrection, et souviens-toi, dans ta miséricorde, de tous les défunts : accueille-les dans la lumière de ton visage.

Sur nous tous enfin, nous implorons ta bonté : permets qu'avec la Vierge Marie, la bienheureuse Mère de Dieu, avec saint Joseph, son époux, les Apôtres et tous les saints qui ont fait ta joie au long des âges, nous ayons part à la vie éternelle et que nous chantions ta louange et ta gloire, par ton Fils Jésus, le Christ.

Par lui, avec lui et en lui, à toi, Dieu le Père tout-puissant, dans l'unité du Saint-Esprit, tout honneur et toute gloire, pour les siècles des siècles.

—*Amen.*

Vient ensuite le rite de la communion, *p. 257.*

Prière eucharistique n° 3

(Préfaces : p. 239)

Tu es vraiment saint, Dieu de l'univers, et il est juste que toute la création proclame ta louange, car c'est toi qui donnes la vie, c'est toi qui sanctifies toutes choses, par ton Fils, Jésus Christ, notre Seigneur, avec la puissance de l'Esprit Saint ; et tu ne cesses de rassembler ton peuple, afin que, du levant au couchant du soleil, une offrande pure soit présentée à ton nom.

(1) **En semaine :**

• C'est pourquoi nous te supplions, Seigneur, de consacrer toi-même les offrandes que nous apportons : •••

(2) **Le dimanche :**

• C'est pourquoi nous voici rassemblés devant toi, Dieu notre Père, et, dans la communion de toute l'Église, nous célébrons le jour où le Christ est ressuscité d'entre les morts. Par lui, que tu as élevé à ta droite, nous te supplions de consacrer toi-même les offrandes que nous apportons : •••

(3) **Pour l'Annonciation du Seigneur :**

• C'est pourquoi nous voici rassemblés devant toi, Dieu notre Père, et, dans la communion de toute l'Église, nous célébrons le jour où, par l'Esprit Saint, la Vierge Marie a conçu ton Fils éternel. Par lui, qui est devenu notre Sauveur, nous te supplions de consacrer toi-même les offrandes que nous apportons : •••

••• Sanctifie-les par ton Esprit pour qu'elles deviennent le corps ✠ et le sang de ton Fils, Jésus Christ, notre Seigneur, qui nous a dit de célébrer ce mystère.

La nuit même où il fut livré, il prit le pain, en te rendant grâce il dit la bénédiction, il rompit le pain, et le donna à ses disciples, en disant :

Prière eucharistique n° 3

« **Prenez, et mangez-en tous** : ceci est mon corps livré pour vous. »
De même, après le repas, il prit la coupe ; en te rendant grâce il dit la bénédiction, et donna la coupe à ses disciples, en disant :
« **Prenez, et buvez-en tous**, car ceci est la coupe de mon sang, le sang de l'Alliance nouvelle et éternelle, qui sera versé pour vous et pour la multitude en rémission des péchés. Vous ferez cela en mémoire de moi. »

(1) Il est grand, le mystère de la foi :
— Nous annonçons ta mort,
Seigneur Jésus,
nous proclamons ta résurrection,
nous attendons ta venue dans la gloire.

(2) Acclamons le mystère de la foi :
— Quand nous mangeons ce pain et buvons à cette coupe, nous annonçons ta mort, Seigneur ressuscité,
et nous attendons que tu viennes.

(3) Qu'il soit loué, le mystère de la foi :
— Sauveur du monde, sauve-nous !
Par ta croix et ta résurrection,
tu nous as libérés.
ou :
Proclamons le mystère de la foi :
— Gloire à toi qui étais mort, gloire à toi qui es vivant, notre Sauveur et notre Dieu : viens, Seigneur Jésus !
(Voir p. 245 pour la version latine.)

En faisant ainsi mémoire de ton Fils, de sa passion qui nous sauve, de sa glorieuse résurrection et de son ascension dans le ciel, alors que nous attendons son dernier avènement, nous t'offrons, Seigneur, en action de grâce, ce sacrifice vivant et saint. Regarde, nous t'en prions, l'oblation de ton Église, et daigne y reconnaître ton Fils qui, selon ta volonté, s'est offert en sacrifice pour nous réconcilier avec toi. Quand nous serons nourris de son corps et de son sang, et remplis de l'Esprit

Prière eucharistique n° 3

Saint, accorde-nous d'être un seul corps et un seul esprit dans le Christ.

Que l'Esprit Saint fasse de nous une éternelle offrande à ta gloire, pour que nous obtenions un jour l'héritage promis, avec tes élus : en premier lieu la bienheureuse Vierge Marie, Mère de Dieu, avec saint Joseph, son époux, les bienheureux Apôtres, les glorieux martyrs, (saint N.) et tous les saints, qui ne cessent d'intercéder auprès de toi et nous assurent de ton secours.

Et maintenant nous te supplions, Seigneur : par le sacrifice qui nous réconcilie avec toi, étends au monde entier le salut et la paix. Affermis ton Église, en pèlerinage sur la terre, dans la foi et la charité, en union avec ton serviteur notre pape N., et notre évêque N., l'ensemble des évêques, les prêtres, les diacres, et tout le peuple que tu as racheté. Écoute, en ta bonté, les prières de ta famille, que tu as voulu rassembler devant toi. Dans ta miséricorde, ramène à toi, Père très aimant, tous tes enfants dispersés.

Pour nos frères et sœurs défunts, et pour tous ceux qui ont quitté ce monde et trouvent grâce devant toi, nous te prions : en ta bienveillance, accueille-les dans ton Royaume, où nous espérons être comblés de ta gloire, tous ensemble et pour l'éternité, par le Christ, notre Seigneur, par qui tu donnes au monde toute grâce et tout bien.

Par lui, avec lui et en lui, à toi, Dieu le Père tout-puissant, dans l'unité du Saint-Esprit, tout honneur et toute gloire, pour les siècles des siècles.

— Amen.

Vient ensuite le rite de la communion, p. 257.

Prière eucharistique nº 4

Vraiment, il est bon de te rendre grâce, il est juste et bon de te glorifier, Père très saint, car tu es le seul Dieu, le Dieu vivant et vrai : toi qui es avant tous les siècles, tu demeures éternellement, lumière au-delà de toute lumière. Toi, le Dieu de bonté, la source de la vie, tu as fait le monde pour que toute créature soit comblée de tes bénédictions, et que beaucoup se réjouissent de l'éclat de ta lumière. Ainsi, la foule innombrable des anges qui te servent jour et nuit se tiennent devant toi, et, contemplant la splendeur de ta face, n'interrompent jamais leur louange. Unis à leur hymne d'allégresse, avec la création tout entière qui t'acclame par nos voix, Dieu, nous te chantons (louons) :

Saint ! Saint ! Saint,
le Seigneur,
Dieu de l'univers !
Le ciel et la terre
sont remplis de ta gloire.
Hosanna au plus haut des cieux.
Béni soit celui qui vient
au nom du Seigneur.
Hosanna au plus haut des cieux.

(Voir p. 242 pour la version latine.)

Père très saint, nous proclamons que tu es grand et que tu as fait toutes choses avec sagesse et par amour : tu as créé l'homme à ton image et tu lui as confié l'univers, afin qu'en te servant, toi seul, son Créateur, il règne sur la création. Comme il avait perdu ton amitié par sa désobéissance, tu ne l'as pas abandonné au pouvoir de la mort. Dans ta miséricorde, tu es venu en aide à tous les hommes pour qu'ils te cherchent et puissent te trouver. Tu as multiplié les alliances avec eux, et tu les as formés, par les prophètes, dans l'espérance du salut. Tu as tellement aimé le monde, Père très saint, que tu nous as envoyé ton Fils unique, lorsque les temps furent accomplis,

Prière eucharistique n° 4

pour qu'il soit notre Sauveur. Dieu fait homme, conçu de l'Esprit Saint, né de la Vierge Marie, il a vécu notre condition humaine en toute chose, excepté le péché, annonçant aux pauvres la bonne nouvelle du salut ; aux captifs, la délivrance ; aux affligés, la joie. Pour accomplir le dessein de ton amour, il s'est livré lui-même à la mort, et, par sa résurrection, il a détruit la mort et renouvelé la vie. Afin que désormais notre vie ne soit plus à nous-mêmes, mais à lui qui est mort et ressuscité pour nous, il a envoyé d'auprès de toi, Père, comme premier don fait aux croyants, l'Esprit Saint qui continue son œuvre dans le monde et achève toute sanctification.

Que ce même Esprit Saint, nous t'en prions, Seigneur, sanctifie ces offrandes : qu'elles deviennent ainsi le corps ✠ et le sang de notre Seigneur Jésus, le Christ, dans la célébration de ce grand mystère, que lui-même nous a laissé en signe de l'Alliance éternelle.

Quand l'heure fut venue où tu allais le glorifier, Père très saint, comme il avait aimé les siens qui étaient dans le monde, il les aima jusqu'au bout : pendant le repas qu'il partageait avec eux, il prit le pain, dit la bénédiction, le rompit et le donna à ses disciples, en disant :
« **Prenez, et mangez-en tous** : ceci est mon corps livré pour vous. »

De même, il prit la coupe remplie de vin, il rendit grâce, et la donna à ses disciples, en disant :
« **Prenez, et buvez-en tous,** car ceci est la coupe de mon sang, le sang de l'Alliance nouvelle et éternelle, qui sera versé pour vous et pour la multitude en rémission des péchés. Vous ferez cela en mémoire de moi. »

Prière eucharistique n° 4

(1) Il est grand, le mystère de la foi :
— Nous annonçons ta mort,
Seigneur Jésus,
nous proclamons ta résurrection,
nous attendons ta venue dans la gloire.

(2) Acclamons le mystère de la foi :
— Quand nous mangeons ce pain
et buvons à cette coupe,
nous annonçons ta mort,
Seigneur ressuscité,
et nous attendons que tu viennes.

(3) Qu'il soit loué, le mystère de la foi :
— Sauveur du monde, sauve-nous !
Par ta croix et ta résurrection,
tu nous as libérés.
ou :
Proclamons le mystère de la foi :
— Gloire à toi qui étais mort,
gloire à toi qui es vivant,
notre Sauveur et notre Dieu :
viens, Seigneur Jésus !
(Voir p. 245 pour la version latine.)

Voilà pourquoi, Seigneur, nous célébrons aujourd'hui le mémorial de notre rédemption : en rappelant la mort du Christ et sa descente au séjour des morts, en proclamant sa résurrection et son ascension à ta droite, en attendant sa venue dans la gloire, nous t'offrons son corps et son sang, le sacrifice qui est digne de toi et qui sauve le monde entier. Regarde, Seigneur, celui qui s'offre dans le sacrifice que toi-même as préparé pour ton Église, et, dans ta bonté, accorde à tous ceux qui vont partager ce pain et boire à cette coupe d'être rassemblés par l'Esprit Saint en un seul corps, pour qu'ils deviennent eux-mêmes dans le Christ une vivante offrande à la louange de ta gloire.

Et maintenant, Seigneur, rappelle-toi tous ceux pour qui nous offrons le sacrifice : en premier lieu, ton serviteur notre pape N., notre évêque N., et

Prière eucharistique nº 4

l'ensemble des évêques, les prêtres et les diacres, les fidèles qui présentent cette offrande, les membres de notre assemblée, le peuple entier qui t'appartient, et tous ceux qui te cherchent avec droiture.

Souviens-toi aussi de ceux qui sont morts dans la paix du Christ, et de tous les défunts dont toi seul connais la foi.

À nous qui sommes tes enfants, accorde, Père très bon, l'héritage de la vie éternelle auprès de la Vierge Marie, la bienheureuse Mère de Dieu, auprès de saint Joseph, son époux, des Apôtres et de tous les saints, dans ton Royaume. Nous pourrons alors, avec la création tout entière, enfin libérée de la corruption du péché et de la mort, te glorifier par le Christ, notre Seigneur, par qui tu donnes au monde toute grâce et tout bien.

Par lui, avec lui et en lui, à toi, Dieu le Père tout-puissant, dans l'unité du Saint-Esprit, tout honneur et toute gloire, pour les siècles des siècles.

— Amen.

Vient ensuite le rite de la communion, *p. 257.*

RITE DE LA COMMUNION

Notre Père

(1) Comme nous l'avons appris du Sauveur, et selon son commandement, nous osons dire :
(2) Unis dans le même Esprit, nous pouvons dire avec confiance la prière que nous avons reçue du Sauveur :

Notre Père qui es aux cieux, que ton nom soit sanctifié,
que ton règne vienne, que ta volonté soit faite sur la terre comme au ciel.
Donne-nous aujourd'hui notre pain de ce jour. Pardonne-nous nos offenses,
comme nous pardonnons aussi à ceux qui nous ont offensés.
Et ne nous laisse pas entrer en tentation, mais délivre-nous du Mal.

(3) *Præceptis salutaribus moniti, et divina institutione formati, audemus dicere : Pater noster, qui es in cælis : sanctificetur nomen tuum ; adveniat regnum tuum ; fiat voluntas tua, sicut in cælo, et in terra. Panem nostrum cotidianum da nobis hodie ; et dimitte nobis debita nostra, sicut et nos dimittimus debitoribus nostris ; et ne nos inducas in tentationem ; sed libera nos a malo.*

Délivre-nous de tout mal, Seigneur, et donne la paix à notre temps : soutenus par ta miséricorde, nous serons libérés de tout péché, à l'abri de toute épreuve, nous qui attendons que se réalise cette bienheureuse espérance : l'avènement de Jésus Christ, notre Sauveur.
— Car c'est à toi qu'appartiennent le règne, la puissance et la gloire pour les siècles des siècles !

Échange de la paix

Seigneur Jésus Christ, tu as dit à tes Apôtres : « Je vous laisse la paix, je vous donne ma paix » ; ne regarde pas nos péchés mais la foi de ton Église ; pour que ta volonté s'accomplisse, donne-lui toujours cette paix, et conduis-la vers l'unité parfaite, toi qui vis et règnes pour les siècles des siècles. — ***Amen.***
Que la paix du Seigneur soit toujours avec vous. — ***Et avec votre esprit.***
Dans la charité du Christ, donnez-vous la paix.

Fraction du pain

Que le corps et le sang de notre Seigneur Jésus Christ,
réunis dans cette coupe, nourrissent en nous la vie éternelle.

Agneau de Dieu

Agneau de Dieu, qui enlèves les péchés du monde, prends pitié de nous. *(bis)*
Agneau de Dieu, qui enlèves les péchés du monde, donne-nous la paix.

Agnus Dei, qui tollis peccata mundi, miserere nobis. (bis)
Agnus Dei, qui tollis peccata mundi, dona nobis pacem.

Communion

(1) Seigneur Jésus Christ, Fils du Dieu vivant, selon la volonté du Père et avec la puissance du Saint-Esprit, tu as donné, par ta mort, la vie au monde ; que ton corps et ton sang très saints me délivrent de mes péchés et de tout mal ; fais que je demeure fidèle à tes commandements et que jamais je ne sois séparé de toi.

(2) Seigneur Jésus Christ, que cette communion à ton corps et à ton sang n'entraîne pour moi ni jugement ni condamnation ; mais que, par ta bonté, elle soutienne mon esprit et mon corps et me donne la guérison.

Voici l'Agneau de Dieu, voici celui qui enlève les péchés du monde.
Heureux les invités au repas des noces de l'Agneau !
— Seigneur, je ne suis pas digne de te recevoir ;
mais dis seulement une parole, et je serai guéri.

Chant de communion *ou antienne de la communion.*

Prière après la communion *voir à la date du jour.*

RITE DE CONCLUSION

Le Seigneur soit avec vous.
— Et avec votre esprit.
Que Dieu tout-puissant vous bénisse, le Père, et le Fils, ✠ et le Saint-Esprit.
— Amen.

Puis le diacre, ou le prêtre lui-même, les mains jointes, tourné vers l'assemblée, dit :
(1) Allez, dans la paix du Christ.
(2) Allez porter l'Évangile du Seigneur.
(3) Allez en paix, glorifiez le Seigneur par votre vie.
(4) Allez en paix.
— Nous rendons grâce à Dieu.

Chants pour la célébration

Les chants en rouge sont consultables à la page indiquée. **Les chants en noir** sont référencés avec leur cote SECLI.

	Ouverture	Renvoi	Communion / Action de grâce	Renvoi
2 mars	Disciple de Jésus	X979	Prenez et mangez	p. 267
	Rendons gloire à notre Dieu	Y35-33	Lumière pour l'homme aujourd'hui	EP61-3
	Peuple de lumière	p. 261	Dans nos obscurités	Taizé
9 mars	Vivons en enfants de lumière	G14-57-1	Avec toi, nous irons au désert	G229
	Tu es ma force	p. 262	Corps livré, sang versé	D54-18
	Au désert, avec toi Jésus Christ	G52-81	Pain donné pour notre vie	p. 268
16 mars	Chantons sans fin le nom du Seigneur	p. 264	Lumière sur mes pas	H26-37
	Peuple de l'Alliance	G244	Le Seigneur est ma lumière et mon salut	p. 269
	Appelés à la liberté	EDIT292	Partageons le pain du Seigneur	D39-31
23 mars	Avec ma foi qui te cherche	M15-06	Sois fort, sois fidèle	p. 270
	Qui donc est Dieu ?	p. 265	Venez, approchons-nous	D74-15
	Naître et renaître	I237	Comme une biche	Ch. Neuf
30 mars	N'aie pas peur	R249	Changez vos cœurs	GA162
	Puisque tu fais miséricorde	p. 266	Mendiant du jour	DP150-1
	Si l'espérance t'a fait marcher	G213	Pain des merveilles	D203

Suggestions pour mars 2025 proposées par Thibault Van Den Driessche, avec ChantonsenÉglis

Peuple de lumière *(Ouverture)*

T601; T. : C. Singer; M. : J.-P. Kempf (Chantez Dieu, vol. 1); SM.

Refrain : **Peuple de lumière, baptisé pour témoigner,**
peuple d'Évangile, appelé pour annoncer
les merveilles de Dieu pour tous les vivants.

① **Vous êtes l'Évangile pour vos frères**
si vous gardez ma parole
pour avancer dans la vérité.
Bonne Nouvelle pour la terre !

② **Vous êtes l'Évangile pour vos frères**
si vous suivez mon exemple
pour demeurer dans la charité.
Bonne Nouvelle pour la terre !

③ **Vous êtes l'Évangile pour vos frères**
si vous marchez à ma suite
pour inventer le don et la joie.
Bonne Nouvelle pour la terre !

④ **Vous êtes l'Évangile pour vos frères**
si vous laissez les offenses
pour déclarer à tous le pardon.
Bonne Nouvelle pour la terre !

Tu es ma force (Ouverture)

EDIT22-23 ; T. : P. Goeseels ; M. : G. Previdi ; Éd. ADF Musique.

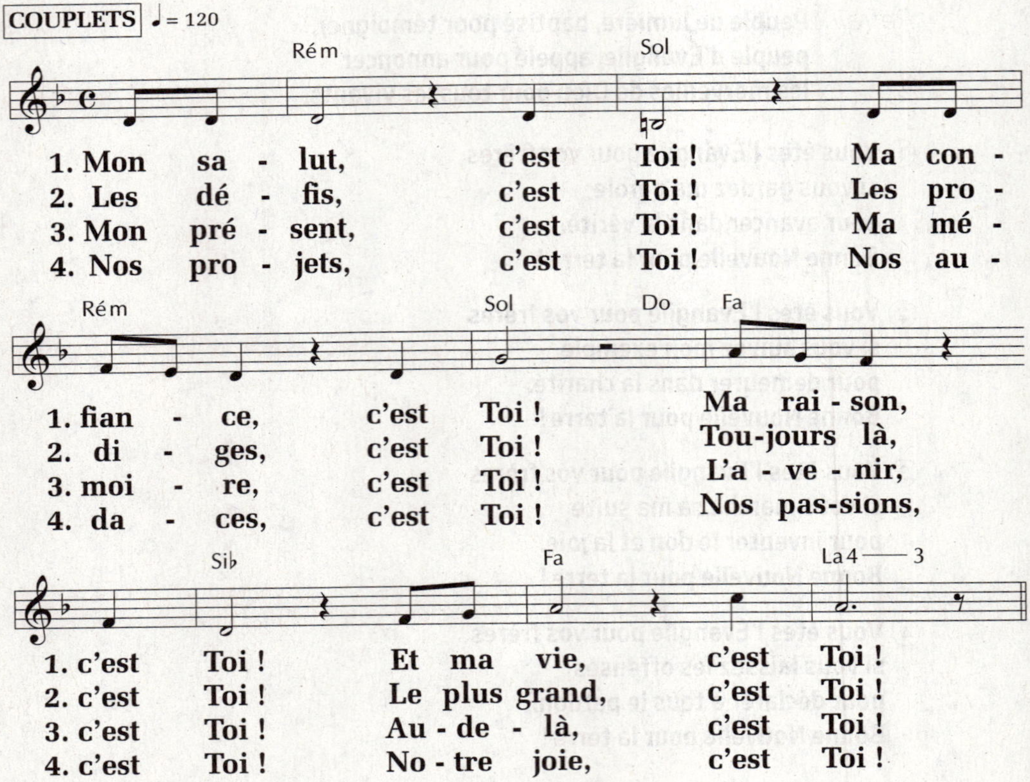

REFRAIN
Sib
Do
Fa
SEI - GNEUR, TU ES MA FOR - CE,
Sib
Do4
3
La4
Rém
TU ES MON CHANT, TU ES LA FOR - CE
Solm7
1
La4
La3
DE MON CHANT. SEI–
pour finir
molto Rall.
2
La4
La
D.C.
Rém6/9
C'EST TOI !

Chantons sans fin le nom du Seigneur (Ouverture)

EDIT15-85; T. et M. : Communauté de l'Emmanuel; Éd. de l'Emmanuel.

② **Changeons nos cœurs et convertissons-nous,**
tournons nos yeux vers Dieu plein d'amour,
son pardon redonne vie !

③ **Quand sur la Croix, Jésus dans sa Passion**
offre sa vie pour notre rédemption,
sa mort nous ouvre à la vie !

④ Le corps de Dieu et le sang du salut
nous sont donnés pour vivre avec Jésus
dans la sainte eucharistie.

⑤ Lavant les pieds, se faisant serviteur,
Jésus nous ouvre à l'amour de son cœur
afin d'aimer comme lui.

Qui donc est Dieu ? *(Ouverture)*

MP82-2; T. : J.-P. Servel; M. : C. Rozier/M. Wackenheim; Mame (Le Chalet).

Refrain : **Qui donc est Dieu pour nous aimer ainsi ?**

Qui donc est Dieu pour nous aimer ainsi,
fils de la terre ?

Qui donc est Dieu, si démuni si grand
si vulnérable ?

Qui donc est Dieu pour se lier d'amour
à part égale ?

Qui donc est Dieu, s'il faut pour le trouver
un cœur de pauvre ?

Qui donc est Dieu, s'il vient à nos côtés
prendre nos routes ?

Qui donc est Dieu, qui vient sans perdre
cœur à notre table ?

Qui donc est Dieu, que nul ne peut aimer
s'il n'aime l'homme ?

Qui donc est Dieu, qu'on peut si fort
blesser en blessant l'homme ?

Qui donc est Dieu pour se livrer perdant
aux mains de l'homme ?

Qui donc est Dieu, qui pleure notre mal
comme une mère ?

Qui donc est Dieu, qui tire de sa mort
notre naissance ?

Puisque tu fais miséricorde *(Ouverture)*

Z129-15; T. et M. : M. Dannaud; Éd. de l'Emmanuel.

Refrain : **Puisque tu fais miséricorde, puisque nos vies sont devant toi,**
puisque tu as versé ton sang pour nous,
Seigneur Jésus, pardonne-nous *(OU* **exauce-nous).**

① **Des profondeurs, Seigneur, je crie vers toi,**
Seigneur, écoute mon cri d'appel ;
que ton oreille ne se ferme pas,
entends la plainte de ma prière.

② **Si tu retiens les fautes contre nous,**
qui dans ce monde subsistera ?
Mais le pardon se trouve près de toi ;
que nos cœurs s'ouvrent à ta grandeur !

③ **De tout mon cœur, j'espère le Seigneur,**
et sa parole de vérité.
Plus qu'un veilleur n'attend le jour nouveau,
ô toi, mon peuple, attends ton Dieu.

④ **Près du Seigneur se trouvent le salut**
et l'abondance de son pardon.
C'est lui qui crée, qui sauve et qui guérit,
car sa puissance est sans mesure.

Prenez et mangez (Communion)

D52-67; T. et M. : Chants de l'Emmanuel (A. Broeders); Éd. de l'Emmanuel.

Refrain : **Prenez et mangez, ceci est mon corps,**
prenez et buvez, voici mon sang !
Ouvrez vos cœurs !
Vous ne serez plus jamais seuls : je vous donne ma vie.

① **Demeurez en moi, comme je demeure en vous,**
qui demeure en mon amour, celui-là portera du fruit.
Comme Dieu, mon Père, ainsi je vous ai aimés.
Gardez mes paroles, vous recevrez ma joie !

② **Je vous ai choisis pour que vous portiez du fruit.**
Gardez mon commandement et vous demeurerez en moi.
Comme je vous aime, aimez-vous d'un seul Esprit.
Je vous donne ma vie : vous êtes mes amis !

③ **Je vous enverrai l'Esprit Saint, le Paraclet.**
Il vous conduira au Père et fera de vous des témoins.
Cherchez, vous trouverez, demandez, vous obtiendrez,
afin que le Père soit glorifié en vous !

Pain donné pour notre vie (Communion)

D19-75; T. : C. Bernard; M. : J.-M. Aubry; ADF Studio SM.

Refrain : **Pain donné pour notre vie, corps et sang de Jésus Christ,**
pain de Dieu pour les pécheurs, fais grandir l'amour dans nos cœurs.

① **Dans le désert tu as nourri l'affamé,**
à nos appels, Seigneur, tu veux répondre.
Tu es vraiment le grand prophète annoncé,
celui qui vient pour le salut du monde.

② **Voici la manne pour ton peuple en chemin,**
le pain du ciel reçu des mains du Père.
Qui vient vers toi ne connaîtra plus la faim,
celui qui croit verra des eaux nouvelles.

③ **Nous le croyons, tu es le pain de la vie.**
Louange à toi, Seigneur qui nous relèves !
Nous marcherons au long des jours et des nuits ;
nul ne mourra, ce pain nous fait renaître.

④ **Toi la Sagesse, tu prépares un banquet,**
nous accueillons le vin de ta parole.
Voici la table où tes amis sont comblés,
voici la chair, le sang du Fils de l'homme.

Le Seigneur est ma lumière et mon salut *(Action de grâce)*

DEV520; T. et M. : J.-B. du Jonchay; Éd. du Carmel.

Refrain : **Le Seigneur est ma lumière et mon salut,**
de qui aurais-je crainte ?
Le Seigneur est le rempart de ma vie,
devant qui tremblerais-je ?

① **J'ai demandé une chose au Seigneur**
la seule que je cherche,
habiter la maison du Seigneur,
tous les jours de ma vie.

② **Habiter ta maison Seigneur**
pour l'admirer en ta beauté
et m'attacher à ton Église, Seigneur,
m'attacher à ton Église, Seigneur.

③ **J'en suis sûr, je verrai les bontés**
du Seigneur sur la terre des vivants.
Espère, sois fort et prends courage,
espère, espère le Seigneur !

Sois fort, sois fidèle (Action de grâce)

GP101 ; T. : CFC © CNPL ; M. : J. Berthier ; Éd. Sodec.

1. Sois fort, sois fi - dèle, Is - ra - ël,
2. Ou - blie les sou - tiens du pas - sé,
3. Il veut, par de - là le dé - sert,
4. Pour - suis ton ex - ode, Is - ra - ël,

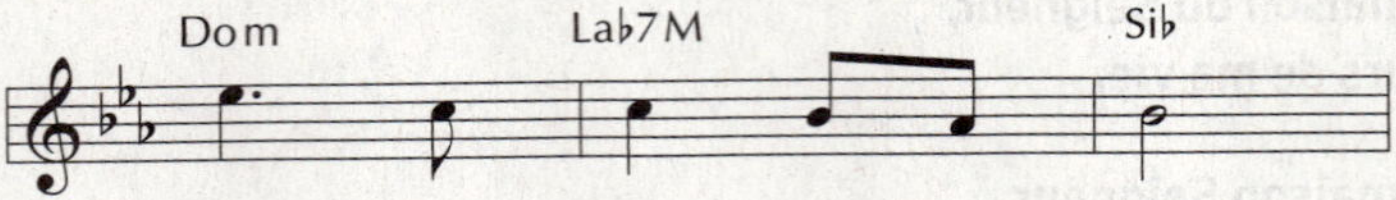

Dieu te mène au dé - sert ;
en lui seul ton ap - pui !
te con - duire au re - pos ;
marche en - cor' vers ta joie !

1. c'est lui dont le bras sou - ve - rain
2. C'est lui comme un feu dé - vo - rant
3. sur toi res - plen - dit à ses yeux
4. la vie jail - li - ra de la mort,

D.C.
La 4e fois, suivre à la coda

1. ou - vrit dans la mer un che - min sous tes pas.
2. qui veut au - jour - d'hui ce creu - set pour ta foi.
3. le sang de l'A - gneau im - mo - lé dans la nuit.
4. Dieu passe a - vec toi et t'ar - rache à la nuit…

CODA

4… Pour - suis ton ex - ode, Is - ra - ël,

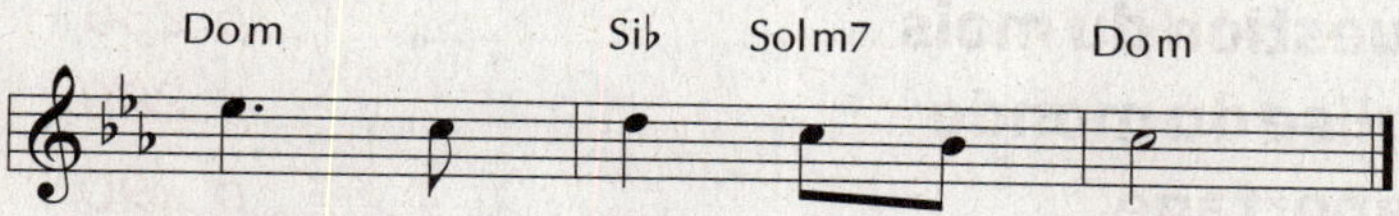

marche en - cor' vers ta joie !

LES RENDEZ-VOUS DE MARS 2025

SOMMAIRE

ÉDITORIAL

À la source

Et si ce Carême qui commence était pour nous une invitation à revenir à la source ? Par exemple, à la source du mystère pascal déployé dans la poésie des paroles des chants liturgiques ? Emmanuelle Billoteau nous incite à découvrir la profondeur de trois d'entre eux. Ils sont bien indiqués pour nourrir notre prière tout au long de cette période.

Et pour inspirer nos efforts de jeûne et de dépouillement ? Puisons à la source de la Bible, notamment avec l'histoire de la femme de Noé ! Anne Lécu met en lumière la modestie toute secrète de cette femme sans nom, qui est pourtant protagoniste d'une nouvelle création. Jeûner ? Se dépouiller ? Oui, pour laisser à Dieu la place qui lui revient ! Et pour faire l'aumône ? Partager avec ceux qui sont dans le besoin ? Creusons dans l'histoire et les traditions, comme à Granville, pendant le carnaval. Des chrétiens font resurgir le char des pauvres et, avec lui, une collecte généreuse de toute la ville. Et pour donner à ce Carême toute sa dimension jubilaire, notons avec Sylvaine Lacout l'importance de nous laisser réconcilier par Dieu et d'accueillir son pardon. ■

Karem Bustica
Rédactrice en chef de Prions en Église

« Jeûner ? Se dépouiller ? Oui, pour laisser à Dieu la place qui lui revient ! »

CHEMIN D'ÉTOILES

Jacques Nieuviarts, prêtre assomptionniste

Songeur à l'heure de l'équinoxe

La nouvelle saison qui commence nous donne un nouvel angle de vue sur la voûte céleste. Les Écritures récompensent les justes d'une clarté d'étoiles et de leur gloire, mais les ténèbres ne sont jamais loin.

Quand revient le temps de l'équinoxe, nous nous surprenons à regarder différemment le ciel. Il est parfois si couvert qu'il nous semble que les étoiles se cachent ou que le vent les éloigne. Reviennent parfois à l'esprit les pensées de Qohèleth, pétries de cette sagesse profonde dont il a le secret, sensible à la fuite du temps et à la vanité des choses et même à la fragilité des étoiles ! « Souviens-toi, dit-il, de ton Créateur, aux jours de ta jeunesse, avant que viennent les jours mauvais, et qu'approchent les années dont tu diras : "Je ne les aime pas" ; avant que s'obscurcissent le soleil et la lumière, la lune et les étoiles » (Qo 12, 1-2). Vision si réaliste, presque sombre ! Le livre de la Sagesse, aux abords de l'ère chrétienne, a des visions plus lumineuses. Il affirme, au cœur d'une longue relecture de l'histoire et d'un éloge soutenu de la Sagesse, que cette dernière a « récompensé les saints de leurs peines, les a conduits sur un chemin de merveilles. Le jour, elle fut pour eux un abri, et la nuit, une clarté d'étoiles. Elle leur fit traverser la mer Rouge et franchir les eaux profondes » (Sg 10, 17-18). À l'opposé, les « gens sans loi […] se retrouvaient enchaînés par les ténèbres ; prisonniers d'une longue nuit […], dispersés, en proie à d'horribles frayeurs. […] aucun feu, si puissant soit-il, ne parvenait à produire de la lumière, et la lueur flamboyante des étoiles n'osait pas éclairer cette nuit de cauchemar » (Sg 17, 2-5). Voilà ce qu'entrevoit le livre de la Sagesse, aux antipodes de la clarté des étoiles éclairant les justes, et les deux hémisphères qu'il n'hésite pas à tracer d'une main sûre pour indiquer la voie à celui qui écoute la Torah, la Loi de Dieu. Le livre de Ben Sira le Sage, dans une semblable litanie des ancêtres d'Israël, cherche les meilleures comparaisons dans les astres pour faire l'éloge, on s'en souvient, du grand prêtre Simon, fils d'Onias : « Qu'il était glorieux […], comme l'étoile du matin au milieu des nuages, comme la lune au moment de son plein, comme le soleil resplendissant sur le temple du Très-Haut, comme l'arc-en-ciel qui illumine de gloire les nuages » (Si 50, 5-7) Le livre de Daniel l'affirme : « Ceux qui sont des maîtres de justice pour la multitude brilleront comme les étoiles pour toujours et à jamais » (Dn 12, 3). ■

« Le jour, la Sagesse fut pour eux un abri, et la nuit, une clarté d'étoiles. »

LES SECONDS RÔLES DANS LA BIBLE

Anne Lécu, dominicaine

Madame Noé

La femme de Noé n'est pas nommée dans le livre de la Genèse. La discrétion qui l'entoure n'est pas forcément un discrédit : sans elle, la vie n'aurait pas repris son cours après le déluge.

Si l'on connaît le nom de l'épouse d'Abraham ou celui de l'épouse de Moïse, la femme de Noé n'a pas de nom. Elle est bien présente, puisqu'elle monte dans l'arche avec son mari, ses fils et les femmes de ses fils, mais aucune de ces femmes n'est nommée. On ne connaît de cet épisode du déluge que Noé, fils de Lamek, Sem, Cham et Japhet, les fils de Noé.

La façon dont les Écritures racontent cet épisode peut nous faire comprendre que Noé est en quelque sorte un nouvel Adam. Une fois tous sortis de l'arche, Noé reçoit une bénédiction similaire à celle d'Adam : « Soyez féconds, multipliez-vous, remplissez la terre » (Gn 9, 1), mais avec une nuance, une sorte de concession faite à la violence humaine : l'homme désormais pourra manger de la viande : « Tout ce qui va et vient, tout ce qui vit sera votre nourriture ; comme je vous avais donné l'herbe verte, je vous donne tout cela. Mais, avec la chair, vous ne mangerez pas le principe de vie, c'est-à-dire le sang » (Gn 9, 3-4). Noé, dont le nom signifie « repos » ou « consolation », vient ainsi guérir la Création dévoyée par les descendants d'Adam et Ève. Or, Noé, comme Adam, va rencontrer un problème avec un fruit, puisqu'on va le retrouver saoul sous sa tente, après avoir abusé du fruit de la vigne.

Mais cette fois, l'épouse n'est pas en cause. En retrait, Madame Noé n'est pas montrée comme celle par qui le déshonneur arrive. Et si Noé se retrouve dénudé comme en leur temps Adam et Ève après avoir mangé le fruit de l'arbre de la **...**

Première Alliance

« Noé entra dans l'arche avec ses fils, sa femme et les femmes de ses fils, à cause des eaux du déluge. » Genèse 7, 7

… connaissance du bien et du mal, il n'est nullement question d'une mésaventure pareille pour Madame Noé. C'est ainsi dans le blanc du texte, dans son creux et dans son silence, que quelque chose de neuf advient : chacun assume ses actes désormais dans la nouvelle Création issue des rescapés du déluge. Et personne ne jette la faute sur un autre.

Alors, on peut regretter l'invisibilisation des femmes dans l'entourage de Noé. Mais on peut aussi se réjouir de ce que la discrétion qui les entoure n'est plus un discrédit. Héritière d'Ève, Madame Noé donne à son mari des fils, et ces fils prennent épouses pour, à leur tour, avoir des fils et sans doute des filles. « C'est à partir d'eux que se fit la dispersion des nations sur la terre après le déluge » (Gn 10, 32). Certaines matriarches sont de hautes figures, comme Sarah, Rebecca ou Rachel. En amont de leurs histoires, Madame Noé nous rappelle que l'on peut être une femme discrète, grâce à qui pourtant la vie reprend son cours après la catastrophe, et sans qui rien n'aurait été possible. ■

Nouvelle Alliance

« Réveillé, Jésus menaça le vent et dit à la mer : "Silence, tais-toi !" Le vent tomba, et il se fit un grand calme. »

Marc 4, 39

TRÉSORS DE LA LITURGIE

Emmanuelle Billoteau, ermite

L'horizon pascal des chants du Carême

Les chants proposés pour le Carême présentent des thématiques susceptibles de nourrir notre prière, de relancer notre ferveur, de nous rendre plus présents à ce que nous vivons et de faire de ce temps une aventure intérieure.

Nous ne retiendrons ici que trois chants : *Avec toi, nous irons au désert* (J. Servel, J. Gelineau) ; *Vivons en enfants de lumière* (CFC, J. Berthier) ; *Venez au jour !* (P. de La Tour du Pin, CNPL). Le premier est placé sous le signe du désert, en référence aux récits évangéliques des tentations de Jésus. La mention de l'Esprit, présente dans ces récits et dans ce chant, nous dit bien que le passage en ce lieu s'inscrit dans le plan de Dieu. Dans la Bible, le désert est une donnée géographique, certes, mais il est surtout un lieu de transformation qui permet d'entrer dans une meilleure connaissance de Dieu et de soi-même. L'horizon est celui de la fête : « Nous fêterons notre Pâque au désert. » Une fêt,e car s'y expérimentent, quand nous nous désencombrons, la proximité de Dieu, le « Vivant qui engendre la vie » ; sa force qui nous…

… permet d'avancer ; enfin, cette folie de la Croix qui différencie le christianisme d'un enseignement de sagesse. Le chemin qui nous conduit à cette célébration se caractérise par la manducation de la Parole, l'option délibérée pour Dieu (et donc le rejet des idoles), la guérison, le silence à goûter après avoir été apprivoisé, la suivance du Christ. Si l'âpreté du désert n'est pas occultée, elle apparaît éminemment positive en son dépouillement, apte à favoriser un recentrement qui conduit à un cœur à cœur avec Dieu, vécu non sur le mode de l'imaginaire mais en participant à sa mort au jour le jour pour vivre pleinement avec lui.

Vivons en enfants de lumière introduit, entre autres, les thématiques de « l'exode nouveau » – qui évoque tout à la fois les livres de l'Exode, des Nombres, du Deutéronome et du Deutéro-Isaïe – et de la « renaissance d'en haut » qui n'est pas sans rappeler l'entretien entre le Christ et Nicodème (Jn 3, 1-21). Autant de réalités qui font implicitement signe vers cette terre promise du Royaume. La démarche proposée est de celle qui suppose de « perdre pour gagner ». Le thème du moment favorable souligne l'urgence du choix à poser : ainsi est-il question d'une « ultime étape », du temps de sortir du sommeil et d'affronter l'Ennemi, d'éprouver la faim et la soif quand elles ne sont plus trompées par des ersatz. Ce qui va de pair avec la vigilance, la confiance, l'enracinement dans l'Écriture (le Livre) – une option ouvrant à la proximité de Jésus Christ, « présent dans les plus pauvres », et propre à conforter l'espérance. Voilà qui oriente notre combat spirituel vers une attitude du cœur consistant à sortir de notre routine et de nos conditionnements pour marcher plus consciemment et résolument avec le « Fils de l'homme » sur qui « la joie de Dieu repose ».

L'hymne de Patrice de la Tour du Pin, remarquable par sa qualité poétique, met en évidence la liberté qui est la nôtre de faire d'une fatalité – la mort et les morts qui ponctuent nos existences –, une offrande volontaire : « Dépouillez-vous ! Quand vous mourrez, vous perdrez tout ! Suivez votre exode à l'avance [...]. Ne craignez pas de vous défaire. Il recréera ce que vous cédez de vous-mêmes. » N'est-ce pas notre manière de venir au jour, d'accueillir l'Esprit et de nous rendre disponibles à cette nouvelle naissance qui nous introduira dans « l'ère nuptiale » ? Il s'agit donc de vivre un passage consistant à se confronter aux ténèbres pour accéder à la lumière, à abandonner une vie dépourvue de sens pour s'ouvrir à une vie aimantée par le Royaume, sous la conduite de l'Esprit : « Ne glissez plus sur votre pente à l'inconnu, car ici commence un autre âge, retournez-vous ! Apprenez Dieu. Il a promis son règne à ceux qui emprunteront ses passages. » Le dynamisme de ces chants nous aide à sortir de cette idée qui assimile le Carême à un temps morose, pesant. Il nous tourne bien plutôt vers l'événement pascal, source de toutes joies. ■

Le dynamisme de ces chants nous aide à sortir de cette idée qui assimile le Carême à un temps morose.

Sylvaine Lacout, théologienne,
laïque consacrée de la communauté des Béatitudes

Une année pour rétablir notre relation avec Dieu

Le jour du Grand Pardon, *Yom Kippour*, sonne le début d'une année jubilaire demandée par Dieu à Moïse.

Le livre du Lévitique présente l'année jubilaire d'une façon très solennelle : « Le Seigneur parla à Moïse sur le mont Sinaï et dit : Parle aux fils d'Israël. Tu leur diras… » (Lv 25,1-2). Dieu transmet alors à Moïse les lois concernant cette année sainte depuis le mont Sinaï, haut lieu des manifestations du Seigneur à son peuple.

Le premier ordre donné à Israël en vue du jubilé est de faire retentir le cor, le Jour des expiations, c'est-à-dire de *Yom Kippour*.

Au temps de Jésus, le rite du *Yom Kippour* avait lieu au Temple de Jérusalem. Deux boucs étaient sélectionnés. Le bouc destiné à Dieu était sacrifié comme une victime expiatoire. Le grand prêtre en apportait le sang dans le sanctuaire pour faire des aspersions sur et devant le propitiatoire. L'autre bouc, dit pour Azazel, n'était pas égorgé, le grand prêtre lui imposait les mains et confessait sur lui les péchés d'Israël, puis il l'envoyait au désert où il emmenait avec lui les péchés d'Israël.

Le rituel du *Yom Kippour* s'articulait autour de deux grands pôles : un pôle négatif qui a pour fonction de débarrasser la communauté de toutes les impuretés qui l'ont souillée au cours de l'année passée, et un pôle positif qui vise à rétablir la relation avec Dieu. La vie d'Israël dépendait de la présence de Dieu dans son sanctuaire et au milieu de son peuple, or toutes ces impuretés risquaient d'éloigner la présence du Dieu Saint. Le grand prêtre entrait également à *Kippour* dans le Saint des saints pour prononcer le Nom de Dieu alors que le peuple se prosternait. En commençant par la fête de *Kippour*, l'année jubilaire est marquée par un appel à la conversion, au retour vers Dieu et à l'accueil de son pardon, d'où l'importance de recevoir le sacrement du pardon durant ce jubilé que l'Église nous donne : « C'est là que nous permettons au Seigneur de détruire nos péchés, de guérir nos cœurs, de nous élever et de nous étreindre, de nous faire connaître son visage tendre et compatissant. En effet, il n'y a pas de meilleure façon de connaître Dieu que de se laisser réconcilier par lui (cf. 2 Co 5, 20), en savourant son pardon » (pape François, bulle d'indiction § 23). ■

« Au jour du Grand Pardon vous ferez retentir le cor dans tout votre pays » (Lv 25, 9).

Propos recueillis par **Frédéric Pascal**, journaliste

« Les visites portent ma prière et ma santé »

Ancien agriculteur à Orchies (59), Jean Coulmont passe sa retraite à Saint-Saturnin-lès-Apt (84). Cet abonné visite chaque après-midi les personnes âgées des maisons de retraite autour de chez lui.

« Tous les après-midi, je visite les maisons de retraite. Les résidents sont souvent enfermés entre les murs de leur chambre et leurs échanges se limitent souvent à des "bonjours" et des "mercis" avec le personnel soignant. Alors, je toque, porte après porte, chambre après chambre. Quand on entre, si le résident l'accepte, la première chose à faire est de prendre une chaise, pour être à la même hauteur que lui. La deuxième chose, c'est de se taire et d'écouter. Beaucoup me parlent de leur jeunesse ou de leur vie professionnelle, souvent agricole. En tant qu'ancien agriculteur, ça me va bien ! Les écouter, c'est leur montrer qu'ils font encore partie de la vie, de leur village, de leur métier. Ils savent que je suis chrétien quand j'entre avec mon *Prions en Église.* Suivant la personne, son état de fatigue, si je sens qu'il y a la place, je leur propose de réciter un Je vous salue Marie. C'est la plus belle et la plus simple des prières.

© Sandrine Martin

Elle est tellement agréable à chanter. Je cherche à leur rappeler que nous sommes aimés depuis avant notre naissance et que nous serons un jour dans la gloire de Dieu. Je compare le ciel au Parc des Princes, où un chanteur fait un *show* et des dizaines de milliers de spectateurs applaudissent. Le ciel, c'est le Parc des Princes éternel où Dieu sera là et nous serons continuellement heureux de le louer. Une fois, un résident a commencé par m'engueuler, avant de se confier à moi. Il était né en 1937, en Prusse orientale, et avait fui en France à l'adolescence. Il avait vécu une vraie vie de patachon ! À la fin de notre échange, je lui ai proposé de réciter un Notre Père dans sa langue. Il l'a fait sans se tromper. Sa compagne m'a confié plus tard qu'elle ne l'avait jamais vu aussi détendu. Ces visites auprès des souffrants portent ma prière et ma santé. Ma foi est là. Si je n'avais pas cette foi, je resterais chez moi à regarder la télé (bien que je sois incapable de l'allumer !). »

QUESTION DU MOIS

Pourquoi s'agenouiller à la messe ?

Prier engage tout notre être : nous prions de tout notre cœur et de tout notre corps. L'adage issu de la Règle de saint Benoît (« *Mens concordet voci* », « Que l'esprit soit en accord avec la voix ») dit à sa manière la nécessaire union intime du corps, de l'esprit, et du cœur. Jésus a fustigé les dérives du formalisme (cf. Os 6, 6) : bien prier suppose une totale sincérité (cf. Jc 4, 2-3) et l'attitude du corps contribue à cette justesse.

L'agenouillement exprime l'humilité du croyant devant Dieu, la supplication, le respect, l'adoration. Être assis favorise l'écoute. La position debout, elle, est caractéristique du chrétien : évoquant le Christ ressuscité, c'est l'attitude « dominicale », « pascale », par excellence. Prier debout, c'est accueillir le Royaume qui vient. Jésus en parle, mais c'est en dénonçant l'hypocrisie de certains (cf. Mc 11, 25 ; Mt 6, 5 ; Lc 18, 11). Par ailleurs, il a donné l'exemple de l'agenouillement lors de son agonie au jardin des Oliviers (Lc 22, 41) : attitude à privilégier au moment de la grande prière universelle du Vendredi saint, par exemple.

La *Présentation générale du Missel romain* encourage les fidèles à adopter à la messe une attitude commune, signe d'unité (§ 42-43), et à participer « comme un seul homme » (Ne 8, 1) à la célébration (cf. *Desiderio desideravi* § 51). ■

Michèle Clavier, *théologienne*

Annonce

SPÉCIAL JUBILÉ 2025

L'Ascension à Rome

Partez à Rome pour l'année sainte 2025 et devenez pèlerins d'espérance, pèlerins sur les chemins de l'Évangile et des apôtres. *Prions en Église* avec Karem Bustica, la rédactrice en chef, vous propose de vivre une expérience spirituelle menée par le père Sylvain Gasser, assomptionniste, qui conduira les pèlerins à pied depuis les catacombes jusqu'aux basiliques majeures. Ce chemin permettra à chacun de renforcer sa foi dans des moments de prières et de partages tout en se connectant avec l'histoire millénaire de l'Église.

Place Saint-Pierre, Rome.

© AdobeStock

PRATIQUE **Week-end de l'Ascension – Du jeudi 29 mai au dimanche 1er juin 2025.**

Une proposition **"Prions en Église"** organisée par Bipel. **Renseignements et inscriptions :** Agence Bipel – 27 bis, boulevard Solférino – 35220 Rennes. Tél. : 02 99 30 58 28 – Mail : bipel.france.italie@bipel.com

Clémence Benard, volontaire avec la DCC* et ingénieure agronome en Bolivie

Vérités boliviennes

« Je travaille dans une ferme expérimentale bolivienne qui promeut une agriculture régénérative et forme aux systèmes agroalimentaires durables. Je découvre en Bolivie un étonnant mélange entre le christianisme, venu par les Espagnols, et les religions indigènes ancestrales. Par exemple la *Pachamama,* la "Terre-Mère", issue de dévotions à la fertilité, est très importante pour les gens qui associent parfois sa représentation à celle de la Vierge Marie. Ce syncrétisme témoigne de l'histoire complexe du pays. Depuis deux décennies, un travail de revalorisation des coutumes a remis au premier plan les cultes indigènes. Pour moi qui suis catholique, ces pratiques sont l'occasion de me questionner sur ma foi : si ces religions indigènes présentes ici avant l'arrivée du christianisme perdurent, c'est qu'elles viennent toucher les gens dans ce qu'ils sont profondément. Des gens proches de la terre, de la nature, qui me semblent parfois bien plus conscients et connectés à leur environnement que dans nos cultures occidentales. N'y a-t-il pas des vérités à y chercher ? Comment intégrer ces vérités dans ma foi chrétienne ? C'est parfois déroutant, mais cela me fait évoluer dans mon chemin spirituel. C'est aussi ce que je suis venue chercher en partant ! » ■

*La Délégation catholique pour la coopération (DCC) est le service du volontariat de l'Église en France.

1. Statue à Tiwanaku (Bolivie), cité antique de la civilisation éponyme.
2. Clémence et Alejandro, ingénieurs agronomes sur un projet de pépinière de café, Santa Cruz.
3. Stand de sensibilisation aux pratiques d'agriculture urbaine, Santa Cruz.

DCC / C. Benard

Geneviève Pasquier, journaliste

« Le char des pauvres » du carnaval de Granville

Parmi les chars du carnaval de Granville (50), celui des « pauvres » ne passe pas inaperçu : il reçoit, pour les plus démunis, des dons lancés par la foule. En 2025, le carnaval aura lieu du 28 février au 4 mars, jour de Mardi gras.

Le char des pauvres est l'héritier du char de la charité lancé en 1875 par Charles Guillebot, conseiller municipal de Granville, pour soutenir les familles des terre-neuvas partant neuf mois pour pêcher la morue. Ce char était un doris décoré, une barque à fond plat, dans lequel les Granvillais jetaient des pièces de monnaie. Après une interruption entre 1960 et 2002, le char des pauvres renaît sous l'impulsion d'une famille, les Letort. Claude, le père, Granvillais de naissance, ne rate jamais un carnaval. David, le fils, étudiant à cette époque, aidé par des amis de l'aumônerie de Rennes, renoue avec la tradition. « Ma mission de diacre au service des plus pauvres m'a incité à soutenir le projet de mon fils et à rappeler le sens de ce char », explique Claude.

D. R.

◀ Le char des pauvres à Granville en 2024.

Aujourd'hui, soixante-dix personnes de tous milieux et de tous âges s'affairent dès septembre pour créer un char qui, comme tous les autres, doit avoir un thème satirique et humoristique. Réalisé en papier mâché, décoré avec des matériaux de récupération, son thème fait l'objet de joyeuses discussions au sein de l'équipe. « Notre char, n'est pas le plus beau, mais il est le moins cher !, s'exclame Claude Letort. En 2024, il ne nous a coûté que 300 euros ! » Dimanche et Mardi gras, précédé du roi Carnaval et du char des demoiselles, celui des pauvres ouvre la cavalcade des chars des quartiers de Granville et de ceux de familles ou d'habitants de communes proches. Les bénévoles, sous une pluie de confettis, collectent pièces et billets jetés des fenêtres et des balcons ou versés dans les pochons des quêteurs entourant le char. « 68 kg de pièces ont été récoltés en 2024, et il faut faire vite pour les ramasser, car elles se perdent parmi les confettis, s'amuse Claude. Chaque année, nous décidons collectivement à quelle association caritative granvillaise la somme sera reversée. »

S'il a des origines laïques, le carnaval de Granville s'achève quand débute le Carême. La vie de la ...

… paroisse se mêle à celle du carnaval. Des paroissiens consacrent leurs week-ends à la réalisation du char et les prêtres se mêlent aux quêteurs. En 2024, pour la première fois dans l'histoire du carnaval, l'évêque du diocèse, monseigneur Grégoire Cador, déguisé en apiculteur, a pris place sur le char des pauvres, intitulé « Prendre aux ruches pour redonner aux pauvres ». « Les participants du carnaval se sont sentis honorés par la présence de l'évêque », confie Claude Lefort, et, poursuit-il : « Du fait de mon statut de diacre, je suis l'oreille de ceux qui me confient leurs questionnements sur l'Église. Le char des pauvres permet de faire le lien entre l'Église et les Granvillais. » En 2025, l'équipe du char des pauvres fait un clin d'œil au musée d'Art moderne Richard Anacréon de Granville en appelant son char « Riches ou anars, créons ». Une manière de traduire l'adage de l'équipe du char : « Seul vit celui qui crée. » ■

La générosité des carnavaliers

Emmaüs, l'épicerie solidaire, le Secours populaire, le Secours catholique et Port d'attache, une association venant en aide aux migrants sont parmi les bénéficiaires du char des pauvres. Si en 2003, la somme recueillie était de 100 €, la générosité des carnavaliers est grandissante. En 2023, le Secours populaire a reçu 12 650 € et en 2024, le Secours catholique 13 000 €. En 2025, c'est Port d'attache qui sera bénéficiaire.

Informations communiquées sous réserve de modifications. Renseignez-vous avant de vous rendre aux endroits indiqués.

LE JOUR DU SEIGNEUR – FRANCE 2 (11 heures)

2/3 Église Sainte-Gertrude, Fosses-la-Ville (Belgique).
Prédicateur : *information non communiquée.*

9/3 Église Saint-Jean-Baptiste de Belleville, Paris (XIXe).
Prédicateur : P. Thierry Hubert, dominicain.

16/3 Église Saint-Didier, Saint-Didier (84).
Prédicateur : P. Arnaud Montoux.

23/3 Chapelle du Centre Teilhard-de-Chardin au plateau de Saclay, Gif-sur-Yvette (91). Prédicateur : P. Yves Combeau, dominicain.

30/3 Chapelle Sainte-Thérèse des Apprentis d'Auteuil, Paris (XVIe).
Prédicateur : P. Franck Dubois, dominicain.

FRANCE CULTURE (10 h 05)

2/3 Chapelle Notre-Dame de la Médaille miraculeuse, Paris (VIIe).
Prédicateur : Mgr Bernard Podvin.

9/3 Cathédrale Notre-Dame de Paris, Paris (IVe).
Prédicateur : P. Éric Morin.

16/3 Cathédrale Notre-Dame de Paris, Paris (IVe).
Prédicateur : P. Éric Morin.

23/3 Cathédrale Notre-Dame de Paris, Paris (IVe).
Prédicateur : P. Éric Morin.

30/3 Cathédrale Notre-Dame de Paris, Paris (IVe).
Prédicateur : P. Éric Morin.

Anne-Quitterie Jozeau, journaliste

Le « Prie-Dieu » de frère François

Chaque semaine de Carême, le frère François Cassingena-Trévedy se confie au micro de Sylvain Gasser dans le podcast « Prie-Dieu ». Sylvain Gasser nous présente ces conversations exceptionnelles.

En quoi consistent ces épisodes de « Prie-Dieu » spécial Carême ?

Cette longue conversation spirituelle avec frère François est diffusée en huit épisodes, un par semaine jusqu'à l'octave de Pâques, dans « Prie-Dieu » (voir encadré ci-contre). Nous échangeons sur les lectures de chaque dimanche de Carême : comment se nourrir de la puissante parole de Dieu ? Nous disons que cette période se prête à un long temps de réflexion spirituel. La liturgie, par la pédagogie de ses textes et de ses chants, nous aide à vivre cette montée vers Pâques et à nous approcher de la Résurrection, fondement de notre foi.

Pourquoi avoir choisi François Cassingena-Trévedy ?

Il est, à mes yeux, un immense auteur d'ouvrages de spiritualité. Moine de l'abbaye de Ligugé, frère François a décidé d'aller plus loin dans sa vocation en devenant ermite. Il vit aujourd'hui sur le plateau de Cézallier et élève des brebis. Là, dans cette solitude des hauteurs du Cantal, il essaie à travers sa vocation particulière de nous redonner le goût de la terre et le goût de la nature, que nous avons perdus en ville. Professeur de patrologie et liturgiste, il est pétri de la parole de Dieu. Au vu de la richesse de sa pensée, je voulais lui donner de l'espace. Je me suis donc rendu quelques jours sur le plateau du Cézallier pour le rencontrer.

Que peut nous dire un ermite, aujourd'hui, sur la Parole ?

L'ermite se situe à la charnière de la vie spirituelle et du monde. C'est un moine qui entend les bruits du monde, de l'actualité : il les met en lien avec la parole de Dieu, non pas comme une solution, mais comme une manière de traverser l'épreuve du temps présent. Au sein de chacun de ses ouvrages, frère François fait jouer les versets bibliques entre eux et souhaite comprendre comment la Parole peut répondre aux grandes questions de notre société actuelle. Avec lui, nous allons « ruminer » et réfléchir autour de la parole de Dieu pour goûter à sa « substantifique moelle », dans la tradition de l'Église, de la littérature et de la philosophie. ■

Le podcast « Prie-Dieu »

Chaque semaine, Sylvain Gasser, assomptionniste, interroge un témoin sur sa prière et sa vie spirituelle. Le podcast « Prie-Dieu » est à retrouver dans l'application et sur le site de *Prions en Église*.

LIVRES

En retraite avec le pape François
Appartenir d'abord à Dieu

Austen Ivereigh, Éditions jésuites, 200 p.

À partir d'homélies, d'audiences, d'encycliques, de lettres apostoliques et d'enseignements du pape François, l'auteur Austen Ivereigh bâtit une véritable retraite ignatienne. En huit jours, il propose au lecteur de discerner, se questionner, prier, en s'appuyant sur les méditations de saint Ignace. Une invitation à faire une retraite chez soi pendant le Carême, par exemple.

À la lumière de Dieu

Marie-Christine Hazaël-Massieux, Desclée de Brouwer, 216 p.

Intervenante à l'Institut des sciences et théologie des religions à Marseille, Marie-Christine Hazaël-Massieux explicite le sens biblique de l'intelligence. Elle insiste sur les origines bibliques du mot qui se traduit par « le discernement », « l'attention », « la capacité à écouter », mais peut être supplanté par « la lumière de Dieu ». L'autrice met l'intelligence en perspective avec les autres dons de l'Esprit.

Le purgatoire dans tous ses états

Don Paul Denizot, Bénédicte de Saint-Germain, EDB, 136 p.

Don Paul Denizot, recteur de Notre-Dame de Montligeon, sanctuaire où l'on prie particulièrement pour les défunts, couche sur le papier les questions qu'on lui pose souvent et qui portent sur le purgatoire. Avec Bénédicte de Saint-Germain, ils expliquent, sans jugement, en quoi le purgatoire comme « temps de purification », apprend « à mieux aimer et ouvrir son cœur ». ■

Anne-Quitterie Jozeau

EXPOSITION

Dans l'atelier de Guido Reni

David tenant la tête de Goliath
Guido Reni

L'atelier du célèbre peintre italien Guido Reni (1585-1642) est à l'honneur au musée des Beaux-Arts d'Orléans. Cette exposition est l'occasion de découvrir le fonctionnement de son atelier à Bologne. Il pouvait rassembler jusqu'à 200 personnes qui produisaient et copiaient sous l'œil du maître pour répondre à la demande de commandes de clientèles ecclésiastique et privée. Autour du *David contemplant la tête de Goliath* que possède le musée, dont la restauration récente a permis de reconnaître un original de Reni, sont exposées des œuvres prêtées par des musées français et étrangers. ■ **Hélène Roquejoffre,** *Le Monde de La Bible*

Jusqu'au 30 mars 2025, musée des Beaux-Arts, place Sainte-Croix
45000 Orléans – www.orleans-metropole.fr

NOS ACTUS

Hors-série « Si la messe m'était contée »

En complément du podcast « Les trésors de la messe », *Prions en Église* vous propose ce nouveau hors-série pour comprendre l'essentiel de la célébration. Michel Wackenheim, prêtre du diocèse de Strasbourg, expert en liturgie et pédagogue passionné, vous propose de manière simple et profonde de saisir toute la richesse de la messe. ■ **Amandine Boivin**

Disponible au prix de 5,50 €
dès mi-mars sur :
librairie-bayard.com/hssilamesse
En librairie à partir du 2 avril.

CD

Loué sois-tu !
Célèbres chants de louange vol. 2
Bayard Musique

Le deuxième volume (20 chants) de la collection qui propose de nouveaux enregistrements des plus célèbres chants issus des communautés (Emmanuel, Chemin Neuf, Taizé, etc.). Des versions de grande qualité où l'on sent l'implication tant des musiciens que des voix belles et priantes.

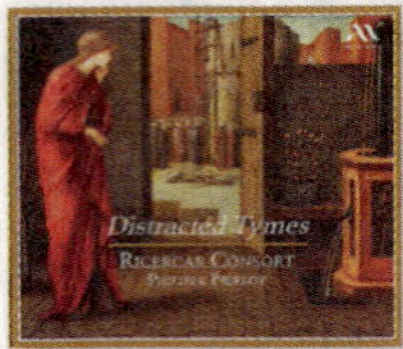

Distracted Tymes (Temps troublés)
Ricercar Consort, Philippe Pierlot, Mirare

Cet album regroupe des pièces pour ensemble de violes de compositeurs anglais du XVIIe siècle. Écrites dans un contexte de bouleversements politiques et religieux, ces œuvres sonnent comme la recherche d'un idéal sonore et social de concorde et d'harmonie. ■

Dominique Pierre

NUMÉRIQUE

« Ta parole est la lumière de mes pas »
(Ps 118, 5)

Du mercredi des Cendres jusqu'à Pâques, plongez dans le sens du Carême et laissez-vous porter par les textes d'Évangile proposés chaque jour. Suivez l'itinéraire biblique étonnant que la liturgie offre pendant ces 40 jours de préparation à la Résurrection. Accessible à tout moment sur l'application et le site *Prions en Église,* cette retraite vous accompagne sur le chemin de la conversion et de la joie pascale ! ■

Sébastien Antoni

AGENDA

Informations communiquées sous réserve de modifications.

SOLIDARITÉ

Campagne de Carême 2025 du CCFD –Terre solidaire

Du 5 mars au 20 avril 2025, le CCFD – Terre solidaire invite à vivre un Carême de solidarité contre la faim. Parmi les propositions, l'ONG offre un parcours d'engagement spirituel semaine après semaine, à vivre seul, en famille, entre amis ou en équipe. ■

Plus d'informations sur :
https://ccfd-terresolidaire.org/campagne/careme

Grand Nord-Ouest

JUAYE-MONDAYE (14)

SAMEDI 15

Pèlerinage

Pèlerinage des pères de famille à l'abbaye Saint-Martin de Mondaye.
02 31 29 35 00
contact@bayeuxlisieux.catholique.fr
https://bayeuxlisieux.catholique.fr/

ANGERS (49)

SAMEDI 29 ET DIMANCHE 30

Session

« En colère, déçu(e) par l'Église, je pars, je reste ? » Session qui permet à chacun de poser ses blessures, de faire le point dans son rapport à la communauté ecclésiale, en toute liberté et fraternité. Avec Jean-Marc Liautaud.
02 41 87 33 64
site.esviere@fondacio.fr
esviere-fondacio.fr

Grand Nord-Est

PLAPPEVILLE (57)

SAMEDI 22 ET DIMANCHE 23

Week-end

Une « Pause au monastère » au Carmel de Metz pour les 18-35 ans qui souhaitent découvrir la vie monastique.
03 87 32 83 38
priorat@carmeldemetz.fr
www.carmeldeplappeville.fr

CONDETTE (62)

DU LUNDI 31 AU MERCREDI 2 AVRIL

Retraite

Une session retraite proposée selon ...

... la spiritualité ignatienne pour des personnes malades et/ou en situation de handicap, et leurs proches aidants. Avec des temps en groupe, personnels, de prière, et d'accompagnement spirituel individuel. Proposition portée par le groupe des ComPad'Es du Nord, de la Communauté de vie chrétienne (CVX).
06 51 26 74 31
lescompades@cvxfrance.com

Grand Sud-Ouest

LA ROCHELLE (17)

SAMEDI 15

Halte spirituelle

Halte spirituelle de conversion écologique pour cheminer avec la Bible, *Laudato si'*, et entrer dans une démarche de recherche spirituelle personnelle et collective.
ecochretiens17@gmail.com
catholiques17.fr/ecochretiens17

PLAISANCE-DU-TOUCH (31)

SAMEDI 15

Conférence

« Prier avec les psalmistes, entre supplication et louange », avec le père Jean-Michel Poirier, dans le cadre du cycle de conférences « Prière et espérance dans la Bible » qui s'inscrivent dans le programme de l'année jubilaire 2025. La conférence peut aussi être suivie par zoom.
service.formation@diocese-toulouse.org
www.formationdiocese31.org

PAU (64)

VENDREDI 21

Conférence

Le cycle 2024-2025 « L'écoute, chemin vers la rencontre », organisé par le service Foi et Culture et les paroisses St-Pierre -St-Paul et Ste-Marie-du-Hameau, propose une conférence à 20 heures, à l'église Saint-Paul, sur le thème : « Écouter Dieu dans les autres religions » par Charbel Attallah, théologien.
05 59 02 63 14 – foietculture64.fr
foicult64@gmail.com

Grand Sud-Est

LYON (69)

DU SAMEDI 1ER AU DIMANCHE 9

Exposition

La primatiale Saint-Jean

accueille une exposition itinérante sur la Sainte Tunique d'Argenteuil, en prélude à son ostension. Organisée en trois chapitres – selon l'histoire, selon la science et selon les Évangiles –, cette exposition offre un éclairage accessible sur une relique méconnue.
saintetunique.com/lostension

SAINT DIDIER (84)
DU VENDREDI 7 AU DIMANCHE 9
Retraite
Retraite spirituelle organisée par le Centre Spirituel de Notre-Dame de Vie, à Notre-Dame de Sainte-Garde sur le thème : « Notre espérance : la prière du Christ •••

ZOOM

400e anniversaire de la découverte de la statue de sainte Anne à Auray

Le 7 mars 2025, dans le sanctuaire Sainte-Anne-d'Auray (56), une messe marque la découverte d'une statue de sainte Anne. Elle commémore la nuit du 7 mars 1625 où Yvon Nicolazic, guidé par sainte Anne tenant un flambeau allumé, découvrait au champ du Bocenno une statue de la sainte. Cette apparition s'est présentée comme la mère de Marie : « *Me zo Anna, mamm Marie* »; qui se traduit par « Je suis Anne, la mère de Marie ». Cette célébration se déroule dans le cadre du jubilé Sainte-Anne 1625-2025. Au cours de cette célébration, une bannière du jubilé créée pour l'occasion sera bénite par Mgr Raymond Centène, évêque de Vannes, qui donnera également le départ de la Troménie de sainte Anne. Une calèche tirée par un cheval de trait breton, portant une grande statue de sainte Anne et avançant au rythme des prières et des chants, des bombardes et des cornemuses fera le tour des paroisses du diocèse entre le 7 mars 2025 et le 25 juillet 2025, début du Grand Pardon de Sainte-Anne-d'Auray. ■

Geneviève Pasquier

... pour nous ».
Avec des enseignements dans la spiritualité du Carmel et du bienheureux Marie-Eugène de l'Enfant-Jésus.
06 08 82 83 27
centrespirituel@notredamedevie.org
www.notredamedevie.org

ARS-SUR-FORMANS (01)

SAMEDI 22

Marche

Dans le cadre du jubilé des 100 ans de la canonisation de Jean-Marie Vianney, le sanctuaire d'Ars organise deux marches jubilaires, une pour les hommes et une pour les femmes, de Dardilly à Ars.
04 74 08 17 17 – arsnet.org
info@arsnet.fr

Île-de-France

NANTERRE (92)

LES SAMEDIS 8, 15 ET 22

Formation

« Osez la liturgie des Heures » : parcours de trois séances pour découvrir, aimer et prier les Heures, de 9 h 30 à 12 h 15 à la maison diocésaine le 8, puis à la crypte de la cathédrale.
01 41 38 12 30
contact@diocese92.fr
https://liturgiedesheures2025-nanterre.venio.fr/fr

PARIS (IVE)

LES DIMANCHES 9, 16, 23 ET 30

Conférences

Les conférences de Carême de Notre-Dame de Paris, un rendez-vous phare de réflexion sur l'actualité de la foi chrétienne, ont lieu à 16 h 30 à la cathédrale.
dioceseparis.fr/-careme-.html

France

VENDREDI 28

Journée annuelle de mémoire et de prière pour les personnes victimes d'agressions sexuelles.

ENVOYEZ VOS RENDEZ-VOUS À L'AGENDA DE PRIONS EN ÉGLISE : Merci d'envoyer les informations nécessaires 3 mois avant l'événement, sans engagement de publication par la rédaction, à : *Prions en Église*, Agenda, 18 rue Barbès, 92120 Montrouge, ou par e-mail : *prionseneglise@groupebayard.com*

Prions en Église 18, rue Barbès,
www.prionseneglise.fr 92128 Montrouge Cedex.

▶ **POUR CONTACTER LE SERVICE CLIENT : 01 74 31 15 01** – service.client@groupebayard.com
(Préciser : nom + adresse postale + « concerne Prions en Église ».)
▶ **POUR VOUS ABONNER : 01 74 31 15 01** – www.librairie-bayard.com
Bayard, Prions en Église, TSA 60007, 59714 Lille Cedex 9
▶ **POUR CONTACTER LA RÉDACTION :** prionseneglise@groupebayard.com

Directeur de la publication : François Morinière. Rédaction : Karem Bustica (rédactrice en chef), Dominique Pierre (rédacteur en chef délégué), Pomme Mignon (rédactrice en chef adjointe visuel, directrice artistique), Frédéric Pascal (rédacteur en chef adjoint), Armelle Gabriel (assistante), Nicolas Crouzier (secrétaire général de la rédaction), Jean-Baptiste Deau, Cécile Toussaint (1ers secrétaires de rédaction), Laurent Sangpo, Pascal Redoutey (rédacteurs graphistes), Ania Biszewska (rédactrice photo), Sébastien Antoni (chef de grande rubrique), Anne-Quitterie Jozeau, Geneviève Pasquier (rédactrices). Ont participé : Michèle Clavier, Thibault Van Den Driessche. Marketing éditeur et développement : Amandine Boivin. Marketing diffusion et abonnement : Aurore Bertrand (directrice), Sandrine Dos Santos (chef de marché). Directeur des terrains catholiques : Cédric Bloquet. Voyages lecteurs : Corinne Miguel. Contrôle de gestion : Tonnumy Ai. Fabrication : Grégory Cervantes. Impression : Maury SAS, Z.I. Route d'Étampes, 45330 Malesherbes. Textes liturgiques : © AELF. Chants : © Éditeurs. © Bayard et Novalis. Reproduction interdite sans autorisation. *Prions en Église* est édité par Bayard, société anonyme à Directoire et Conseil de Surveillance au capital de 16 500 000 €. Actionnaires : Augustins de l'Assomption (93,7 % du capital), SA Saint-Loup, Association Notre-Dame de Salut. Directoire : François Morinière (président et directeur de la publication), Dominique Greiner (directeur général). Président du Conseil de Surveillance : Hubert Chicou. Dépot légal à parution. CPPAP : 0425K86471 - ISSN : 0383-8285. Belgique et Luxembourg : Bayard Presse Bénélux, Da Vincilaan, 1 – 1930 Zaventem. Tél. : 0800 250 38 (de Belgique, gratuit) ou 800 29 195 (du Luxembourg). Web marché chrétien : librairie-bayard.com. Suisse : Asendia Press Edigroup SA, Chemin du Château-Bloch 10, 1219 Le Lignon. Tél. : 00 41 22 860 84 02. Mail : abobayard@edigroup.ch

PEFC 10-31-1282
Certifié PEFC
Ce produit est issu de forêts gérées durablement et de sources contrôlées.
pefc-france.org

IMPRIM'VERT

***Prions en Église* agit pour l'environnement**
Origine du papier : Suède. Taux de fibres recyclées : 0 %. Origine des fibres : papier issu de forêts gérées durablement.
Impact sur l'eau : PTOT 0,005 kg/T

FR

Ce numéro comporte :
Sur la totalité de la diffusion : encart posé "Prions en Église Junior" offre d'abonnement.

Bulletin d'abonnement

EN CADEAU

☐ OUI, je m'abonne à *Prions en Église*

Je recevrai le hors-série *Si la messe m'était contée...*

GRELHS0131

ÉDITION	POCHE (13 x 11,9 cm) PRI	GRAND FORMAT (16 x 14,6 cm) PRI	
PRÉLÈVEMENT MENSUEL Uniquement par internet	4,90 €/mois	5,75 €/mois	+ un accès à tous les contenus du site et de l'application
PAIEMENT COMPTANT	1 an (12 nos) ☐ 59 €	1 an (12 nos) ☐ 69 €	
	2 ans (24 nos) ☐ 105 €	2 ans (24 nos) ☐ 115 €	
	Étudiant 1 an ☐ 29,95 €*		

PAR COURRIER Renvoyez ce bulletin accompagné de votre chèque payable en France libellé à l'ordre de « Bayard » à l'adresse suivante : **Bayard - TSA 40020 - 93539 Aubervilliers CEDEX**

PAR INTERNET sur **librairie-bayard.com/abopri** (paiement 100 % sécurisé)

COORDONNÉES ☐ Mme ☐ M. Prénom

Nom A177644

Complément d'adresse (résid./esc./bât.)

N° et voie (rue/av./bd...)

Code postal Ville

Pays Date de naissance J J M M A A A A

Tél. E-mail

Pour recevoir la confirmation de votre abonnement, nos newsletters et correspondre avec vous par courriel

RENSEIGNEMENTS POUR LES ABONNEMENTS HORS FRANCE MÉTROPOLITAINE

		DOM-TOM & UE	AUTRES PAYS	BELGIQUE	SUISSE
Téléphone		(33) 174 311 501		02 808.09.85**	(022) 860 84 02
POCHE	1 an	62 €	68 €	Renseignez-vous sur les tarifs et abonnez-vous par téléphone	
	2 ans	111 €	123 €		
GRAND FORMAT	1 an	72 €	78 €		
	2 ans	121 €	133 €		

*Uniquement en France métropolitaine. Cette offre ne contient pas de cadeau. Joindre une photocopie de la carte d'étudiant.

**Appel gratuit

Offre valable jusqu'au 31/07/2025 pour tout 1er abonnement. Les cadeaux sont expédiés sous 5 semaines maximum après enregistrement du paiement. En cas de rupture de stock, vous recevrez un cadeau d'une valeur commerciale équivalente. Visuels non contractuels. Bayard s'engage à la réception du 1er numéro dans un délai de 4 semaines au maximum après enregistrement du règlement. Vous disposez d'un délai de 14 jours à compter de la réception du 1er numéro de votre magazine pour exercer votre droit de rétractation en notifiant clairement votre décision à notre service client. Vous pouvez également utiliser le modèle de formulaire de rétractation accessible dans nos CGV. Nous vous rembourserons dans les conditions prévues dans nos CGV sur : https://librairie-bayard.com/cgv. Ces informations sont destinées au groupe Bayard, auquel *Prions en Église* appartient. Elles sont enregistrées dans notre fichier clients à des fins de traitement de votre abonnement. Conformément à la loi *Informatique et libertés* du 06/01/1978 modifiée et au RGPD du 27/04/2016, elles peuvent donner lieu à l'exercice du droit d'accès, de rectification, d'effacement, d'opposition, à la portabilité des données et à la limitation des traitements ainsi qu'à connaître le sort des données après la mort. Votre adresse mail sera utilisée pour vous envoyer les newsletters que vous avez demandées ou dont vous bénéficiez en tant que client. Vos coordonnées postales et téléphoniques pourront être utilisées à des fins de prospection commerciale par Bayard. Votre numéro de téléphone portable pourra être utilisé pour vous envoyer des SMS concernant vos abonnements. Votre nom associé à vos coordonnées postales et téléphoniques sont susceptibles d'être transmises à nos partenaires (éditeurs, associations, vente par correspondance...). Vous pouvez vous opposer à la prospection commerciale en vous connectant à https://www.groupebayard.com/fr/contact ou en envoyant votre demande à : Bayard (CNIL), TSA 10065, 59714 Lille CEDEX 9, France. Pour plus d'informations, nous vous renvoyons aux dispositions de notre politique de confidentialité sur le site groupebayard.com. Nous vous informons de l'existence de la liste d'opposition au démarchage téléphonique « Bloctel », sur laquelle vous pouvez vous inscrire ici : https://www.bloctel.gouv.fr